Dirk Hegmanns Rheinpiraten

Dirk Hegmanns

RHEIN-PIRATEN

Roman

GALILEO

im Peter Hammer Verlag

Dirk Hegmanns, geboren in Düsseldorf, arbeitet als Soziologe, Publizist und Autor. Er lebte mehrere Jahre in Lateinamerika, vor allem im Nordosten Brasiliens und in Mittelamerika.

Rheinpiraten erscheint in der Reihe GALILEO
Herausgegeben von Karin Gruß

Die Arbeit des Autors am vorliegenden Text wurde durch das Kultusministerium des Landes Nordrhein-Westfalen gefördert.

Die Deutsche Bibliothek – CIP-Einheitsaufnahme

Hegmanns, Dirk:
Rheinpiraten : Roman / Dirk Hegmanns. –
Wuppertal : Hammer, 1996
(Galileo)
ISBN 3-87294-723-0

Umschlaggestaltung: Wolf Erlbruch
Satz: Greiner & Reichel, Köln
Gesamtherstellung: Clausen & Bosse, Leck

Für Ariane, die niemals
„Ja" sagt, ohne Fragen zu stellen.

I

Die Schatten an den Wänden der kleinen Höhle, die kaum größer als das Bierzelt eines Schützenfestes war, sprangen herum wie kleine Kobolde, als wollten sie der entspannten Ruhe des Feuers in der Mitte widersprechen. Sie zuckten hervor, verzerrten die Konturen des Felsens, hüpften in verborgene Nischen zurück, waren bizarr, geisterhaft oder zeichneten das nervöse Abbild von Köpfen und Schultern nach. Die Köpfe selbst bewegten sich kaum. Sie wogten nur ein wenig hin und her, im sanften Rhythmus der Gitarre, der die Höhle erfüllte; waren an einen Rucksack, eine zusammengerollte Decke gelehnt; auf angewinkelte Knie gestützt. Ein vielstimmiges Summen begleitete die Melodie des Liedes, das der Gitarrenspieler sang. Jedesmal, wenn er den Refrain einleitete, stimmten die anderen mit ein, ein wenig verhalten und gedämpft, als würde jeder die Trauer verspüren, die dem Lied seinen Vers gedichtet hatte.

Gut zwei Dutzend Augenpaare starrten wie hypnotisiert in das Feuer hinein, ließen die Flammenzungen Bilder gestalten oder Träume erzählen. Junge Augen waren es, wach und abwesend zugleich, hell und doch bisweilen ein tiefgründiges Dunkel erkennen lassend. Wie blaßfarbene Edelsteine schmückten sie die Gesichter, in denen kaum eine Falte ihren Schatten warf und so auf erlebte Geschichten verweisen konnte. In den Mundwinkeln hielt sich noch der leichte Schwung eines unbeabsichtigten Kinderlächelns, obwohl er bei vielen durch den Flaum der Reife bereits überdeckt wurde. Denn Kinder konnten sie schon lange nicht mehr sein; wahrscheinlich seit den ersten Bomben nicht mehr, die auf ihre Stadt niedergegangen waren; vielleicht aber auch schon seit jenem Tag nicht mehr, an dem der *Schnauzer* die Macht im Reichstag übernommen hatte.

Viele der Jungen und Mädchen trugen bunte Halstücher, an den Gürteln von Hosen und Röcken hingen Fahrtenmesser und klemmten Kämme, und die Füße steckten in Bundschuhen oder Schaftstiefeln. Manche hielten Hüte oder Kappen in den Händen, die sich mit Federn und Abzeichen schmückten und in die ungleichmäßige Muster geschnitten waren.

Franz betrachtete die wie zufällig zusammengewürfelt erscheinende Schar, in der alle verschieden waren und in der doch alle zusammengehörten, eine vielfarbige Gemeinschaft von Leuten, die sich an diesem Wochenende über ungezählte Gesetze und Verbote hinwegsetzte und sich damit ein Stück Unabhängigkeit bewahrte.

Als er am Morgen mit den anderen das Schiff betreten hatte, das sie rheinaufwärts in die Nähe des Felsensees bringen sollte, hatte Franz noch gegen das aufgeregte Herzklopfen ankämpfen müssen, das ihm das Bewußtsein über den Gesetzesbruch verursachte. Doch Manni hatte ihm lächelnd auf die Schulter geklopft.

„Kau nicht so nervös auf der Unterlippe herum", hatte sein Freund gesagt. „Wenn die von der HJ auftauchen, werden wir ihnen schon zeigen, wo's langgeht."

Franz hatte sich schnell vom Übermut der übrigen mitreißen lassen und dachte nun kaum noch daran, daß alles, was sie an diesem Wochenende taten, verboten war und ihnen Verwarnungen, Karzer oder gar Jugendarrest einbringen konnte. Ihr Treffen war verboten, ihre Lieder waren verboten, und auch ein nächtliches Feuer unter freiem Himmel war verboten, denn es hätte den feindlichen Bombern den Weg weisen können. Doch in der Höhle waren sie vor Entdeckungen sicher, sowohl von Seiten der Alliierten als auch der Nazis. Die Höhle am Felsensee war ihre Zuflucht, ein Stück gerettete Heimat, ein Rest von Poesie, der sich mit der Beharrlichkeit der Erdgeschichte gegen den vorübergehenden Gleichschritt der Zeit behauptete.

Franz stand auf und stakste durch die Reihen der Umsitzenden. Er ging hinaus und steckte die Hände in die Hosentaschen. Tief sog er die Septemberluft ein und schlenderte zum Ufer des Felsensees. Er drehte sich um. Zwar hörte er noch den Gesang, doch drang kein Feuerschein aus der Höhle, deren Zugang sich hinter ein paar dichten Büschen verbarg. Kies knirschte unter seinen Füßen. Franz blieb stehen und schaute über den See, dessen kaum bewegte Oberfläche einen Halbmond widerspiegelte. Am gegenüberliegenden Ufer, hinter einem kleinen Hügel, gab es ein Dorf, wußte Franz. Aber kein Lichtschimmer betastete die Schwärze der Nacht, nichts deutete darauf hin, daß dort hinten Menschen wohnten. Verdunkelungsgebot, ein Niederkauern unter den feindlichen Bombern, die jede Nacht wie aus dem Nichts auftauchen konnten, um ihre tödliche Last über der Stadt zu entleeren.

Zwei Jahre Krieg, dachte Franz und blickte zum Himmel. Und wieviele Jahre schon Lügen und falsche Versprechen. Hatte nicht Göring großgespurt, er wolle Meier heißen, wenn je ein englischer Flieger über den Westwall käme? Schon am zweiten Kriegstag war der erste Engländer über der Stadt aufgetaucht; ohne Bomben zwar, doch allein durch sein Erscheinen die ständigen Allmachtsbehauptungen des Schnauzers verspottend. Aber einen Feldmarschall Meier gab es immer noch nicht, obwohl die Trümmerfelder im Land zunahmen.

Es hatte lange gedauert, bis Franz das erste Mißtrauen gegen die Propagandaspektakel hegen konnte, die ihm stets ein Schaudern über den Rücken hatten laufen lassen. Wie aus einem Guß marschierten die Massen, brüllten ihr „Heil Hitler“ und reckten den Arm in die Höhe. Ein mächtiges Volk war das, ein starkes, ein reines Volk. Und als er vor vier Jahren ins Jungvolk der HJ eintreten mußte, war Franz noch begeistert von den abenteuerlichen Unternehmungen, von den Fahrten und Geländespielen an den Wochenenden, von den Uniformen, die schon die Jungpimpfe zu einer starken Einheit verschmelzen ließen.

Aber die Begeisterung hatte nicht lange angehalten. Der absolute Gehorsam, den man den Kindern im Jungvolk abverlangte, das jegliche Begründung verweigernde ‚Befehl ist Befehl‘ erschien Franz schon bald als reiner Selbstzweck, als bloßer Formelgesang, in den jeder einzustimmen hatte. Gehorchen mußte man, wußte er. Doch wenn sein Vater Gehorsam verlangte und Franz mit einem ‚Warum‘ antwortete, erhielt er stets ein ‚Weil‘ zurück. ‚Du machst das jetzt, weil ...‘, ‚das ist so, weil ...‘, und wenn es einmal ausblieb, wurde es wenigstens durch das Versprechen, es später erklären zu wollen, ersetzt.

Im Jungvolk dagegen gab es kein ‚Weil‘ für Befehle. Warum also sollte es dann Gründe geben, ihnen zu folgen? Seine Suche nach Begründungen hatte schließlich Franz ständige Vorwürfe eingebracht: Von Disziplinlosigkeit, Befehlsverweigerung und Treuebruch gegenüber dem Führer war da die Rede. Aber das war schon eine gute Weile her, und seitdem gärte in Franz ein unbestimmtes Verlangen, den Alchimisten völkischer Einheit die Stirn zu bieten. Es war an der Zeit, Verbote zu übertreten.

Daß er jetzt am Ufer des Felsensees stand, war ein erster Schritt in verbotenes Terrain. Manni hatte ihn eingeladen, an diesem Wochenende mit auf Fahrt zu gehen. Zeltlager der Navajos, hatte er gesagt, Lagerfeuer, Gitarrenlieder, Zigaretten. Die Mutter hatte nichts dagegen gehabt, wenn sie Franz auch mahnte, vorsichtig zu sein. Von Lagerfeuer und Zigaretten brauchte sie ja nicht unbedingt zu wissen.

Schritte näherten sich über den Kies, Franz wandte sich um. Er erkannte den Jungen erst, als er nur eine Armlänge entfernt vor ihm stehenblieb.

„Habe ich dir zuviel versprochen?“ lächelte Manni ihn an.

„Nein“, erwiderte Franz. „Ist wirklich gut. Aber wenn die Nazis eure Lieder hören würden ...“

„Die wissen, welche Lieder wir singen“, schaute Manni auf den See hinaus. „Aber wir lassen uns von denen nicht das Maul verbieten. Hast du doch auch nicht. Sonst hätten sie dich wohl kaum aus der HJ rausgeschmissen, oder?“

„Kann sein.“ Franz hockte sich in den Kies. Manni setzte sich neben ihn.

„Wie bist du eigentlich zu diesen Leuten gekommen?“ deutete Franz mit dem Kopf in Richtung Höhle.

„Weiß ich gar nicht mehr so genau“, erwiderte Manni. „Schon mein Vater war in der Bündischen Jugend. Irgendwann hat er mich da einfach angemeldet, und seitdem bin ich dabei. Zu den Navajos bin ich vor zwei Jahren gestoßen.“

„Hast du deswegen nie Probleme mit den Nazis bekommen?“

„Gibt es irgend etwas, weswegen man mit denen keine Probleme bekommt?“ blickte Manni ihn an und hob die Augenbrauen. „Einige von uns haben schon Jugendkarzer hinter sich. Und dann die Schlägereien mit der HJ. Da geht's richtig zur Sache“, schlug er sich mit der Faust in die Handfläche.

Plötzlich räusperte sich jemand in der Dunkelheit. Franz und Manni fuhren herum und versuchten den Schatten zu deuten, der sich jetzt auf sie zu bewegte.

„Ich bin's", hörten sie eine klare Männerstimme.

„Klaus?" rätselte Manni.

„Genau der", antwortete die Stimme. Ein junger Mann trat zu ihnen und setzte sich neben Manni.

„Habe ich euch erschreckt?" fragte er.

„Man kann ja nie wissen, wer sich hier in der Gegend so herumtreibt", erwiderte Manni und stellte Franz und Klaus einander vor.

„Manni hat mir von dir erzählt", reichte der junge Mann Franz die Hand. „Ich habe dich schon auf dem Schiff gesehen, aber leider keine Zeit gehabt, dich in unserer Runde zu begrüßen. Herzlich willkommen."

„Danke", drückte Franz seine Hand.

„Ich bin hier sozusagen das Mädchen für alles", sagte Klaus. „Wenn du irgendwelche Fragen hast oder Probleme auftauchen, dann wende dich an mich – oder an so erfahrene Kämpfer, wie er einer ist", lächelte er Manni an und klopfte ihm freundschaftlich auf die Schulter.

„Macht ihr oft solche Fahrten?" fragte Franz.

„Nicht mehr so oft wie früher", antwortete Klaus. „In diesem Sommer sind wir jetzt das sechste oder siebente Mal unterwegs. Es ist halt nicht mehr so einfach", blickte er Franz an. „Du weißt, daß das, was wir hier machen, verboten ist?"

„Ja, weiß ich", sagte Franz.

„Bis vor zwei Jahren war alles noch gar nicht so schlimm." Klaus legte sich auf den Rücken, verschränkte die Arme hinter dem Kopf und schaute in den Himmel. „Aber seit wir im Krieg sind, setzt man wirklich alles daran, uns fertigzumachen. Aber das werden sie nicht schaffen. Wir lassen uns nicht kleinkriegen."

Sein letzter Satz klang fast wie ein Versprechen. Franz nahm einen Kieselstein und knetete ihn nachdenklich in der Hand. Ihm gefiel dieser Ton, hinter dem so viel Kraft und Stärke verborgen schien. Er war so ganz anders als der ständig Macht und Größe vortäuschende Brüllton der uniformierten Nazijugend. Hier klang der Wunsch mit, den Gleichschritt aus dem Takt zu bringen, sich den verträumten Blick für die Sterne zu erhalten und auf Unterschieden zu beharren. Aber kein Träumer sprach da, erkannte Franz, sondern einer, der es ernst meinte, einer, dem eine marschvereitelnde Polyrhythmik und ein unverstellter, neugieriger Blick in die Sterne wichtiger erschien als die Schaffung eines großdeutschen Reiches, in dem eine reine Rasse das Ende der Vielfalt bedrohte. Das hier war mehr als nur auf Fahrt zu gehen, Gitarre zu spielen und Spottlieder auf die Nazis zu singen. Das war ...

„Manni hat mir erzählt, daß du dich auch nicht hast kleinkriegen lassen", riß Klaus ihn aus seinen Gedanken.

„Was?" schreckte Franz hoch. „Ja, ... die HJ. Die haben mich rausgeschmissen."

„Warum?"

„Weil mir das alles auf die Nerven ging. Und außerdem", grinste Franz, „habe ich dem Jungzugführer ein halbes Dutzend Frösche in die Aktentasche gesteckt."

„Nicht zu fassen", lachte Klaus. „Haben sie dich erwischt?"

„Nicht direkt. Sie haben mich verdächtigt, konnten es aber nicht beweisen."

„Gut", meinte Klaus. „Solange man denen keine Beweise liefert, kann man ihnen auf der Nase herumtanzen. Das ist das Wichtigste: was du auch tust, hinterlasse niemals einen Beweis dafür, daß du es warst."

Wieder so ein Satz. War das nur Gerede, oder stand dahinter eine bestimmte Absicht? Vielleicht ein Ratschlag? Und wenn ja, wofür? Die Fahrt, das Lagerfeuer, die Lieder?

Franz beschloß, nicht weiter darüber nachzudenken. Er wollte seinen Spaß haben an diesem Wochenende, wollte ganz einfach raus aus der Stadt und ein Stück Unbeschwertheit genießen. Es war das erste Mal seit seiner Entlassung aus der HJ, daß er sich wirklich frei fühlte. Frei von den ewigen Parolen, frei von den grölenden Marschgesängen in den Straßen, frei von den ständigen Gängeleien in der Schule, wo sich sein Rausschmiß schnell herumgesprochen hatte. ‚Unehrenhaftigkeit' war seitdem der meistgenannte Begriff geworden, den man ihm vorwarf und der ihm inzwischen bar jeden Inhalts erschien. Solche Worte klangen fremd in seinen Ohren. Zu geradlinig waren sie, eine architektonische Konstruktion, so kantig und trutzig wie die Bauwerke, die man alle paar Monate feierlich einweihte und die für die Ewigkeit gedacht waren. Da war kein Platz mehr für Rundungen und Regungen. Es waren Gebäude und Begriffe, die man als Monumente in die Welt gestanzt hatte, unverrückbar und scheinbar endgültig. Sie stellten sich Jungen wie Franz in den Weg, und das einzige Mittel, sie zu umgehen war, sie zu ignorieren.

Franz hatte einige Monate gebraucht, um den Sticheleien gegenüber taub zu werden. Er hatte gelernt, welche Drohungen und Warnungen der Lehrer er ernst nehmen mußte und welche er überhören konnte. Eine ständige Gratwanderung war das, aber Franz war überzeugt, das Richtige zu tun.

„Behalte deinen eigenen Kopf", hatte sein Vater gesagt, als Franz in die HJ eintreten mußte. Und er hatte es wiederholt, als er vor einiger Zeit für zwei Wochen auf Urlaub von der Front nach Hause gekommen war. Sein Vater hatte nie gewollt, daß Franz zur HJ ging, und er hatte ein amüsiertes Lächeln nicht zurückhalten können, als er seinen Sohn wegen des unehrenhaften Ausschlusses tadelte. Der Vater war Sozialdemokrat. Die ganze Nachbarschaft, ja fast das gesamte Viertel, in dem sie wohnten, war sozialdemokratisch. Auch ein paar Kommunisten waren darunter. Da hatte man seinen eigenen Kopf, da war es fast schon Tradition, über Politik zu streiten, seine Meinung lauter als gewöhnlich vorzutragen und Eigensinn zu behaupten.

Bis zur Einberufung des Vaters zum Frankreichfeldzug hatte es zu Hause immer wieder Versammlungen gegeben. Abends. Hinter verschlossenen Türen, die die wütenden Beschimpfungen gegen die Nazis jedoch nur dürftig vor neugierigen Kinderohren verbergen konnten. Und wenn es tatsächlich einmal leise wurde, vielleicht gar so still, daß man meinen konnte, man wäre allein in der Wohnung, dann konnte es nur um Dinge gehen, die selbst in dem heimischen Viertel, in dem man einander schon an der Stimme erkannte, zur Vorsicht mahnten. Franz und seine Mutter saßen dann in der Küche vor dem eingeschalteten Volksempfänger, wenn nicht gerade eine Hitler-, Goebbels- oder Göring-Rede die vergilbte, aber irgendwie gemütliche Glühlampenatmosphäre verzerrte. Oder sie lasen einander Geschichten vor, harmlose, aber verbotene Geschichten, eben solche, die von einem eigenen Kopf zeugten und gegen die Zeit standen.

Daß Franz Probleme in der Schule bekam, beunruhigte niemanden in der Familie. „Bei dem Erbe ist das kein Wunder", hatte sein Vater verständnisvoll gesagt, ihn aber gleichzeitig gemahnt, die Lehrer nicht übermäßig zu provozieren.

„Den eigenen Kopf behalten, nicht verlieren", erklärte er den Unterschied.

Klaus erinnerte Franz ein wenig an seinen Vater, nur waren seine Worte direkter, fast auffordernd, obwohl sie das Wesentliche noch zurückzuhalten schienen. Sie waren ein Herantasten, ein Prüfen, ein wenig Offenbarung innerhalb bestimmter Grenzen, die zu überschreiten die Gewißheit einer Gemeinsamkeit voraussetzte. Franz ahnte, worin diese Gemeinsamkeit bestehen könnte, aber er schob die Gedanken darüber beiseite, denn sie riefen in ihm das gleiche Herzklopfen hervor, das ihn am Morgen auf dem Schiff begleitet hatte. Jetzt waren Sternenhimmel und Felsensee, Gitarrenklang und Liedersingen. Genug Verbotenes, um sich Jugendarrest oder Wochenendkarzer einzuhandeln. Genug Politik, um an diesem Abend eine anspruchsvolle Diskussion entbehren zu können.

Der Gesang, den ein lauer Wind zeilenspringend herübergetragen hatte, verstummte plötzlich. Wenig später bewegte es sich vielfüßig hinter ihnen, als die Jungen und Mädchen die Höhle verließen und zu den Zelten gingen. Einige setzten sich ans Ufer des Felsensees, um mit gedämpfter Stimme der Nacht noch etwas Geheimnisvolles hinzuzufügen.

Ein weit entferntes Brummen ließ Franz aufhorchen. Auch Klaus setzte sich auf und hielt den Kopf ein wenig schief, um die Richtung auszumachen, aus der das Brummen kam.

„Bomber?“ fragte Manni leise.

„Vielleicht die Engländer“, zuckte Klaus die Schultern. „Aber es sind nicht viele. Könnten auch welche von uns sein.“

„Wohin die wohl fliegen“, rätselte Franz.

„Nach Süden. Richtung Koblenz oder Frankfurt“, schätzte Klaus.

Die Flugzeuge entfernten sich, nach wenigen Minuten trat wieder Stille ein. Klaus stand auf, streckte sich und atmete tief durch.

„Herrlich, so ein Fleckchen“, sagte er und blickte Manni und Franz an. „Es ist Zeit für mich“, gab er ein kurzes Grußzeichen mit der Hand. „Ich gehe schlafen. Gute Nacht“, drehte er sich schon um und verschwand in der Dunkelheit.

Auch die beiden Jungen entschlossen sich, diesen Tag zu beenden. Sie gingen zu dem großen Zelt, in dem ihnen ein vielfaches Atmen bedeutete, ihre Schritte vorsichtig zu setzen. Manni kramte in seiner Hosentasche und entzündete ein Streichholz. In dem schwachen, gelben Feuerschein erkannten sie sechs schlafende Jungen. Zwischen den eingerollten Gestalten hindurch schlichen sie zu ihren Schlafstellen. Manni blies das heruntergebrannte Streichholz aus.

„Ich schlafe draußen", flüsterte er. „Kommst du mit?"

„Gute Idee", fand Franz.

In der Dunkelheit rollten sie ihre Schlafsäcke zusammen und klemmten sie sich unter die Arme. Erneut sorgte Manni für ein dürftiges Licht, das ihnen den Weg aus dem Zelt wies. Ein paar Schritte abseits legten sie ihre Sachen ins hohe Gras, zogen Schuhe und Hosen aus und krochen in die Schlafsäcke.

„Willst du eine Zigarette?" fragte Manni.

„Klar", antwortete Franz.

„Aber nicht damit einschlafen", lächelte sein Freund. „Sonst entfachen wir hier draußen noch ein Lagerfeuer und grillen uns selbst. Abgesehen von dem Wegweiser für den Feind."

„Der Schnauzer hat sie sich zum Feind gemacht, nicht wir", meinte Franz.

„Sicher", nickte Manni. „Aber die da oben sehen nur Licht. Und schon fällt dir eine Bombe auf den Schädel."

„Ich habe einen ziemlich harten Schädel."

„Deshalb habe ich dich ja auch zu unserer Fahrt eingeladen", sagte Manni. „Hier sind die härtesten Dickschädel der Stadt versammelt", deutete er mit dem Kopf auf die Zelte. „Und ich hoffe, daß du von nun an auch dazu gehörst."

„Ich denke, ich mache mit", erwiderte Franz und zog genüßlich an der Zigarette. Er legte eine Hand unter den Kopf und blickte in die sternengepunktete Schwärze des Himmels.

„Ich hab's gewußt", sagte Manni. „Es wird sicher aufregend werden."

„Ja", sagte Franz nur, und er verspürte tatsächlich den Wunsch, mit Manni und den anderen für Aufregung zu sorgen. Er war sicher, daß er bei den Navajos das finden würde, wovon er bisher noch nicht gewußt hatte, daß er es suchte. Aber an diesem Abend schien er es begriffen zu haben. Er fühlte sich wie ein trockenes Samenkorn, das auf regenweiche Erde gefallen war und nun aufbrach, um die Frucht auszubilden.

II

Josef kniff die Augen zusammen und fixierte das Schiff, das gerade vom Landungssteg ablegte und in die Strommitte steuerte. Er schaute auf seine Armbanduhr. Genau acht Uhr. Schon seit mehr als einer Stunde harrte er an diesem Samstagmorgen aus, um dem Gerücht Gewißheit geben zu können. Zwei Jungen aus seiner Rotte hatten ihm am Vortag die Meldung gemacht, daß eine große Gruppe von Jungen und Mädchen – wahrscheinlich Bündische – auf Fahrt gehen würde. Zufällig hatten sie beobachtet, wie zwei etwa Gleichaltrige am Schalter der Ausflugsdampfer so viele Fahrkarten kauften, daß sie kaum in die Hosentaschen paßten. Die bunten Hemden mit den aufgekrempelten Ärmeln und die breiten Lederarmbänder an den Handgelenken zeugten davon, daß hier keine HJ-Schar auf Fahrt ging, sondern womöglich einer jener verbotenen Vereine, denen die Geheime Staatspolizei Volkszersetzung und kriminelles Verhalten vorwarf. Da war es keine Frage, den Rottenführer unverzüglich zu informieren.

„Gute Arbeit", lobte Josef und nickte wissend, während er dem Schiff nachschaute, das stromaufwärts fuhr. „Und euch wird das Lachen noch vergehen", drohte er den Jungen und Mädchen hinterher, deren Lieder und Gesänge der Wind bis ans Ufer trug. Er setzte sich auf die Kaimauer und überlegte, was nun zu tun sei. Er legte die Stirn in Falten und starrte aus kleinen Augen auf die grauen Strudel und Wellen des Rheins. Als Rottenführer nahm Josef seine Aufgabe sehr ernst, die Umgebung aufmerksam zu beobachten und jedes Anzeichen verdächtiger Handlungen, die den Aufbau und die Erweiterung des Reiches behindern könnten, zu registrieren. Es gab ihm das Gefühl, bedeutsam und wichtig zu sein; zu den vielen tausend Unentbehrlichen zu zählen, auf die die Architekten eines neuen Staates aus glücklichen, überlegenen und reinen Menschen angewiesen waren. Seine Aufgabe machte den Achtzehnjährigen erwachsen, erhärtete seinen Blick und festigte seinen Glauben an den Führer. Er spürte eine heftige Erregung in seiner Brust und knetete seine Hände. Er würde bald ein respektierter Mann sein, eine der Größen unter den Uniformierten, dachte er. Ein paar Bündische würden dafür wohl dran glauben müssen, vielleicht auch Zigeuner oder Juden. Egal wer, jedenfalls würde er unter den Volksfeinden aufräumen, dessen war er sich sicher. Er sprang auf. Er strich seine Uniform glatt und streckte das Kinn in die Höhe. Ein Schöpfer der Deutschen würde er sein, so rein und klar wie es die Luft an diesem Morgen war, einer der Schöpfer eines Reiches, das das Ende der Geschichte versprach.

Mit zielstrebigen Schritten ging er in die Innenstadt zurück, die Brust herausgestreckt und die Absätze der polierten Stiefel in gleichmäßigem Takt auf das Pflaster knallend, als gäbe er Hunderten von Gleichgesinnten das Tempo vor. Das sah zackig aus, wie er da marschierte, in Erfüllung seiner Mission, und sein gerader Blick ließ bei den entgegenkommenden Passanten keinen Zweifel darüber aufkommen, daß er nicht gedachte, ihnen auszuweichen. Josef genoß es, allein durch die Bestimmtheit seines Auftretens ihr Nachgeben zu erzwingen. Die Uniform, der Schritt, der Blick: da stimmte alles, da gab es keinen Widerspruch.

Sein Weg führte ihn in eine kleine Gasse in der Altstadt. Vor der Nummer dreizehn blieb er stehen und warf nochmals einen Blick auf seine Uhr. Halb neun. Um diese Zeit mußte Schunkel schon auf den Beinen sein, dachte er. Er schaute die Fassade empor. In der zweiten Etage standen die Fenster offen, ein Federbett hing zum Lüften heraus. Josef stieg die drei Stufen zum Hauseingang hinauf und klingelte. Als der häßlich krächzende Türöffner ertönte, stemmte er sich gegen das schwere Eichenholz und trat in das Halbdunkel des Treppenflurs. Ohne das Licht einzuschalten, stampfte er die hölzernen Stufen hinauf, deren Farbe von ungezählten Sohlen abgeschliffen war und denen das wöchentlich übergezogene Bohnerwachs dennoch eine gewisse Würde bewahrt hatte.

In der zweiten Etage erwartete ihn ein mißtrauisch durch den Türspalt blickender Mann. Erst als er Josef in dem dürftigen Licht erkannte, öffnete er die Tür vollständig.

„Josef?" stellte er überrascht fest.

„Heil Hitler!" Josef schlug die Hacken zusammen und streckte den Arm vor.

„Heil Hitler", deutete Schunkel den Gruß an. „Komm erstmal rein." Er trat zur Seite und schloß hinter Josef die Tür. Entschuldigend deutete er auf seinen vorstehenden Bauch, über den sich ein Unterhemd spannte. „Samstags bin ich um diese Uhrzeit noch nicht auf Besuch vorbereitet. Setz dich", deutete er auf einen der Stühle in der kleinen Küche. „Kaffee?"

„Nein, danke."

„Ist echter Bohnenkaffee", bot Schunkel noch einmal an.

„Vielen Dank", schüttelte Josef den Kopf.

„Ist irgend etwas passiert?" Schunkel ließ sich langsam und erwartungsvoll auf den Stuhl sinken.

„Scharführer", holte Josef förmlich aus, „vor etwa einer Stunde hat eine große Gruppe Bündischer mit dem Schiff eine Fahrt angetreten."

„Aha“, nickte Schunkel und nippte nachdenklich an seiner Tasse. „Wochenendfahrt?“

„Ist anzunehmen“, klang Josefs Stimme schneidend. „Rucksäcke, Schlafsäcke, Zeltstangen, Gitarren: sie haben alles dabei.“

„Dann werden sie morgen am späten Nachmittag oder am Abend zurückkehren“, meinte Schunkel.

„Wahrscheinlich“, nickte Josef.

„Ich denke, wir sollten da etwas unternehmen“, sagte Schunkel betont ruhig.

„Jawohl“, eiferte Josef, seine Augen leuchteten.

„Ruf ein paar Leute zusammen!“ Schunkel lehnte sich zurück und zeigte ein leichtes Grinsen in den Mundwinkeln. „Wir treffen uns morgen Nachmittag um fünf. Und ich erwarte vollen Einsatz“, blickte er Josef mit hochgezogenen Augenbrauen an.

„Jawohl, Scharführer“, kam Josef auf die Beine und riß schon den Arm zum Gruß hoch. Einsatz: das war ein Wort, das er liebte, ja geradezu verehrte. Da konnte sich der Mann in ihm beweisen. Das wird ein Sieg werden, dachte er, als er Schunkels Wohnung verließ.

Der Sonntagmorgen entschloß sich nur langsam, die Nachtkühle abzustreifen und der noch trüben Sonne zu erlauben, den Vorhang der Dunstschwaden auseinander zu ziehen. Franz schob den Kopf aus dem Schlafsack hervor und blinzelte zu dem zusammengerollten Bündel hinüber, das seinen Freund Manni verbarg. Er streckte die steifen Glieder und rieb sich kräftig über die Arme. Tau tropfte ihm vom Schlafsack ins Gesicht. Langsam schälte er sich frei und setzte sich auf. Auch Manni bewegte sich jetzt und brummte Unverständliches.

Der Felsensee lag unter einer nebligen Decke, die an manchen Stellen den Blick auf eine spiegelglatte Wasserfläche freigab. Plötzlich hörte Franz ein Klatschen und dann ein heftiges Strampeln im Wasser. Gleichmäßige Wellenlinien streiften über die Spiegelfläche und brachten den Tag in Bewegung. Zwischen den flüchtenden Nebelfetzen erkannte Franz einen Schwimmer, der sich mit kraftvollen Kraulbewegungen vom Ufer entfernte. Er beobachtete ihn, wie er bis zur Mitte des Sees schwamm, dann kehrtmachte und in unvermindertem Tempo wieder auf ihn zu kam.

„Das kann nur Klaus sein", war Manni aufmerksam geworden und rieb sich verschlafen über das Gesicht. „Bei sowas ist er immer der Erste."

Aus den Zelten wurde der Schlaf vertrieben. Jungen und Mädchen erschienen in Badesachen, ein wenig zögerlich noch, doch offensichtlich entschlossen, die restliche Müdigkeit in ihren Gliedern mit einem Sprung in den See abzustreifen. Die Jungen machten den Anfang, liefen johlend los und stoben in das aufspritzende Wasser. Manni schüttelte sich fröstelnd.

„Da wird man ja schon vom Zusehen zum Eiszapfen", sagte er.

„Ein bißchen Bewegung kann nicht schaden", erhob sich Franz, streifte seine klamme Hose über und schaute seinen Freund abwartend an.

„Na gut", seufzte Manni.

Im Zelt zogen sie ihre Badesachen an und gingen dann vorsichtig ins Wasser. Fast die gesamte Gruppe wühlte jetzt im See herum, sprang, strampelte, ruderte heftig mit den Armen, um der morgendlichen Kühle die Angriffsfläche zu nehmen. Nur wenige waren zurückgeblieben, um das Frühstück vorzubereiten.

Schon viel zu lange hatte Franz eine solche Ausgelassenheit entbehren müssen. Dies war ein Tag jenseits der Gegenwart, ein Tag ohne Krieg, nationale Pflichterinnerungen und ohne den Marschrhythmus blankgewichster, hochlederner Stiefel, der keinen Widerspruch duldete. Dieser Sonntag forderte zum Vergessen auf und erweckte verschüttete Träume zum Leben. Eine Zeitinsel, gerade groß genug, um sich in Erinnerung rufen zu können, was es bedeutete, frei zu atmen und Gedanken unzensiert über die Zunge springen zu lassen.

Am Nachmittag lagen sie im Gras und spürten, wie die Wärme der Sonne ihre Körper durchdrang. Es war eine angenehme Wärme, nicht schweißprovozierend, wie sie fast den ganzen Sommer über den Menschen die Arbeit erschwert hatte. Ein sanfter Rest dieser heißen Monate war sie, der sich mit jedem Tag weiter zurückzog und den Nächten stückweise die Vorherrschaft abtrat.

„Das ist wahrscheinlich das letzte Wochenende in diesem Jahr, an dem wir hier baden können", sagte Manni. „Der Sommer ist vorbei, es wird kühler."

„Geht ihr im Winter nicht auf Fahrt?" fragte Franz.

„Manchmal gehen wir wandern", antwortete Manni. „Und wenn genug Schnee liegt, fahren wir auch mal in die Eifel oder ins Sauerland zum Rodeln. Aber wir müssen halt abwarten, wie sich der Krieg entwickelt. Man kann nicht jetzt schon Pläne für den Winter machen."

„Ich wünschte, es gäbe einen großen Knall und alles wäre vorbei", sagte Franz nachdenklich. „Ich habe die Nase voll von ..."

„Wie soll man denn das verstehen?" fragte eine helle Stimme hinter ihm. Er fuhr herum.

„So etwas solltest du lieber nicht zu laut sagen", lächelte ihn ein Mädchen an, das sich mit einem Handtuch die langen, dunkelbraunen Haare trocknete. „Bist du Franz?" Sie hockte sich neben ihn.

Franz nickte. Er war ein wenig verwirrt.

„Das ist Marianne", stellte Manni das Mädchen vor. „Ist auch schon seit zwei Jahren dabei."

„Hallo", lächelte Marianne noch immer, und Franz grüßte unsicher zurück. Ihre dunklen Augen, die ihn direkt und ungeniert betrachteten, machten ihn verlegen. Ihr Blick war ruhig und frech zugleich, fast herausfordernd, auf jeden Fall aber widersprüchlich, so daß Franz kaum einen Deutungsversuch zu unternehmen vermochte. Vergeblich suchte er nach etwas, worauf er die eigenen Augen hätte ruhen lassen können. Er räusperte sich und spürte, wie ihm das Blut in den Kopf stieg.

„Franz wird bei uns bleiben", erlöste ihn Manni endlich aus der Stille und klopfte ihm leicht auf die Schulter.

„Schön", fand Marianne, die einfach nicht aufhören wollte mit diesem lächelnden Blick.

„Ja", verdrängte Franz den Kloß in seinem Hals. „Das ist was ganz anderes als bei der HJ."

„Du meinst, nicht so militaristisch, nicht wahr?" Marianne wurde endlich ernst. „Und nicht dauernd dieses Hochlebenlassen der arischen Rasse?"

„Genau", nickte Franz und wurde lockerer. „Eigentlich wundert es mich, daß so viele Leute daran glauben."

„Das hat psychologische Gründe", erklärte Marianne. „Und soziale. Ohne die wirtschaftliche Krise wären die Nazis nie an die Macht gekommen."

„Aha", war Franz beeindruckt.

„Ja", lächelte Marianne wieder. „Mein Vater hat mir das alles erklärt. Er ist Professor für Geschichte."

„Marianne ist nämlich unsere Intellektuelle, mußt du wissen", erläuterte Manni ironisch.

„Stimmt es etwa nicht?" Marianne gab ihm einen leichten Stoß mit dem Ellbogen.

„Klar doch", wehrte Manni sie lachend ab. „Aber Franz ist auch nicht gerade von gestern. Seine Eltern sind Sozis."

Den Rest des Nachmittags blieben die drei zusammen. Sie lagen faul in der Sonne, deren Wärme angenehm unter die Haut kroch. Sie redeten, schwiegen oder träumten mit verklärtem Blick auf den See hinaus oder über die angrenzenden Hügel, die diesen Ort vor der übrigen Wirklichkeit zu schützen schienen. Franz fiel der würzige Geruch des Grases auf. Überhaupt schienen seine Sinne plötzlich geschärft zu sein, denn Farben, Geräusche und Gerüche, die er in ihrer Selbstverständlichkeit bisher kaum jemals bewußt wahrgenommen hatte, machten sich nun unmißverständlich bemerkbar, ohne jedoch aufdringlich zu werden. Eine Bereicherung waren sie vielmehr, die Befriedigung einer unbestimmten Lust, die sich in seinem Innern ausgebreitet hatte.

Immer wieder mußte Franz dieses Mädchen anschauen, sekundenweise nur, damit sie es nicht bemerkte. Marianne war ein wenig älter als er und bewegte sich so, als wäre sie sich der Wirkung ihres reifen Körpers sehr wohl bewußt. Am liebsten hätte Franz ihr in das lockige, braune Haar gegriffen und es langsam durch seine Finger gleiten lassen. Statt dessen begnügten sich seine Hände mit dem inzwischen niedergetretenen Gras, das sie wieder und wieder kämmten, ohne dafür mit einer zärtlichen Geste belohnt zu werden. Manchmal, wenn Marianne im Gespräch näherrückte, drang Franz ein leichter Zimtgeruch in die Nase, der sich von ihrer Haut ausbreitete. Dann hob er den Kopf ein wenig, als würde er eine Witterung aufnehmen, und sog mit einem tiefen, von den anderen aber unbemerkten Atemzug den Geruch in sich ein. Er genoß die milde Aufregung, die sich in ihm ausgebreitet hatte und allmählich einen festen Platz beanspruchte.

Kurz bevor sie mithalfen, das Lager abzubrechen, um den Rückweg anzutreten, kam Klaus zu ihnen.

„Was haltet ihr davon, am nächsten Samstag eine Diskussionsrunde mitzumachen?" fragte er.

„Wieder eine von deinen politischen Schulungen?" erwiderte Manni wenig interessiert.

„Es kann nicht schaden, Bescheid zu wissen."

„Wir wissen doch alle, was hier in Deutschland passiert. Man braucht doch nur die Augen offen zu halten."

„Beobachtung ersetzt die Analyse nicht", beharrte Klaus.

„Nein, danke", wehrte Manni ab. „Vielleicht später. Wir prügeln uns doch schon mit den Nazis. Ich will nicht auch noch die Revolution anzetteln."

Klaus zuckte hilflos mit den Schultern. „Und ihr?" wandte er sich an Franz und Marianne.

„Vielleicht ein anderes Mal", entgegnete Marianne lächelnd.

„Euch ist nicht zu helfen", seufzte Klaus.

Kurz darauf brachen alle auf, jeder mit Rucksack und irgendeinem Teil ihrer Zeltausrüstung bepackt. Sie gingen eine knappe Stunde bis zur Anlegestelle. Einige Minuten später traf das Schiff ein, das sie stromabwärts wieder bis in die Stadt bringen sollte. Ein kräftiger Wind hatte eingesetzt und zerrte an den Haaren, als sie auf dem Deck ihre Lieder sangen. Von Zeit zu Zeit spritzte die Gischt über den Bug des Schiffes und sprühte ihnen in die Gesichter. Das Wasser reflektierte das Licht mit Tausenden von blendenden Diamantsplittern, und die Wärme der Sonne ließ jetzt rasch nach, es wurde kühl. Pullover und Jacken wurden hervorgeholt. Wie eine bunte Perlenkette lehnten sie sich über die Reeling und zogen feuchte Grimassen, wenn sie das Gesicht in den Wind drehten. Ein erfrischender Abschied von einem Wochenende, der ihnen allen wie die Rückkehr von einer langen Reise erschien.

Immer dieses verflixte Lächeln, dachte Franz, wenn Marianne sich ihm zuwandte. Dieses wortlose Lächeln irritierte ihn, und jedesmal mißlang ihm der Versuch, es ebenso freundlich und selbstverständlich zu erwidern. Statt dessen verlegte er sich auf ein ernsthaftes Interesse und stellte Fragen, von denen ihm Manni die meisten bereits beantwortet hatte. Wie oft und wo sich die Navajos träfen, was sie außer den Fahrten noch unternähmen, wieviele Leute der Gruppe angehörten, woher sie kämen. Mariannes Lächeln, das Franz von einem wachsenden Selbstvertrauen begleitet schien, wiederholte sich zwar hartnäckig, doch war es auf diese Weise zumindest von Antworten untermalt, deren Inhalt weniger wichtig war als die Tatsache, daß sie die sachten Angriffe der Verlegenheit übertönten. Plötzlich kam Klaus vom Bug herbeigeeilt.

„Ein Empfangskommitee erwartet uns", rief er und deutete auf die Anlegestelle, der sich das Schiff langsam näherte. „Die HJ."

„Verdammt!" fluchte ein anderer junger Mann, von dem Franz bisher nur flüchtig Notiz genommen hatte und den man Toni nannte.

„Ihr wißt, was zu tun ist!" rief er über die Köpfe der anderen hinweg. „Die Ältesten zu mir! Die Jüngsten und die Mädchen bleiben an Bord, bis der Spaß vorbei ist!"

Proteste wurden laut. Kaum einer wollte zum Zuschauer degradiert werden. Nur die Mädchen sahen den Ernst der Lage ein und nahmen das Gepäck der übrigen an sich. Franz schluckte, sein Herz schlug ihm bis zum Hals. Klaus kam zu ihm.

„Wir könnten dich zwar gut gebrauchen", sagte er, „aber ich halte es für besser, wenn du dich erstmal da heraushältst. In Ordnung?"

Franz zögerte. Sollte er als Feigling dastehen? Vor all den anderen? Vor Marianne?

„Ich meine, du solltest nicht deinen Kopf schon für etwas hinhalten, für das du dich gerade erst entschieden hast", erklärte Klaus ruhig. „Wenn du dich mit der

HJ prügelst und sie identifizieren dich, hat das Konsequenzen. Darüber solltest du dir erstmal klar werden. Und außerdem", lächelte er jetzt, „solltest du dir dieses Wochenende nicht durch Beulen und blaue Flekken verderben lassen."

„In Ordnung", sagte Franz schließlich. Er war im Zwiespalt, hielt aber Klaus' Überlegungen für vernünftig.

„Nimmst du meine Sachen?" stellte Manni schon seinen Rucksack neben ihm auf den Boden und drückte ihm noch eine kleine Tasche in die Hand. „Ich werde dir noch ein paar Braunhemden fürs nächste Mal übriglassen", grinste er und klopfte Franz auf die Schulter.

Klaus und Toni riefen jetzt laute Kommandos. Wer nicht an Bord blieb, stellte sich am Fallreep auf. Das Schiff wendete und richtete den Bug stromaufwärts. Schon wurden die Seile um die Poller geworfen und straff gezogen. Auf der Uferstraße standen etwa fünfzehn uniformierte Jungen in drei Reihen, breitbeinig, die Hände auf dem Rücken und den Blick über das Schiff hinaus auf das gegenüberliegende Ufer gerichtet, als würden sie den Ankömmlingen keine Beachtung schenken. Erst als das Fallreep von raschen Schritten widerhallte, kam Bewegung in die Reihen.

Hinter den Rücken der Braunhemden kamen Knüppel zum Vorschein. Die Uniformierten bildeten einen Halbkreis um die Anlegestelle. Doch trotz der drohend erhobenen Knüppel sprangen die Ankömmlinge ohne zu zögern über das Fallreep und strömten auf die Uferstraße. Als wäre dies alles nur ein Spiel, preschten sie mit lautem Geschrei mitten in die abwartende Mauer der Gewalt hinein und eröffneten die Schlägerei.

Den meisten der buntgemusterten Jungen gelang es fast mühelos, den Gegner anzuspringen und so die Schläge mit den Knüppeln wirkungslos ins Leere gehen zu lassen. Fäuste trommelten auf Körper und in schmerzverzerrte Gesichter, Fingerknöchel schrammten auf, wenn sie auf scharfkantige Zähne oder Uniformknöpfe trafen. Das Geschrei verstärkte sich und kam jetzt von beiden Seiten. Alle wälzten sich auf dem Boden, ineinander verkeilt, fluchend, schlagend, tretend und beißend, an den Haaren zerrend, heulend vor Schmerz und Wut.

Obwohl die Navajos leicht in der Unterzahl waren, hatten sie das Kampfgeschehen nach kurzer Zeit unter Kontrolle. Einigen war es bereits gelungen, Knüppel zu erbeuten, mit denen sie nun auf die Uniformierten losgingen. Zwei der Braunhemden war plötzlich der Fluchtweg versperrt. Ihre Gegner trieben sie mit kräftigen Schlägen vor sich her, bis ihnen keine andere Wahl mehr blieb, als in den Fluß zu springen.

„Los jetzt!" gab Klaus ein Zeichen. Die auf dem Schiff Zurückgebliebenen eilten über das Fallreep und glitten unbehelligt an den Kämpfenden vorbei. Ohne sich umzuschauen, waren sie nach wenigen Sekunden in alle Richtungen verschwunden. Nur Franz hielt noch einmal inne und wandte sich um. Die Schlägerei ebbte ab. Viele der Braunhemden machten sich schon davon, verfolgt von johlendem Siegesgeschrei der Navajos.

Jetzt verließen auch Klaus und Toni das Schiff, langsam, mit den Händen in den Hosentaschen, als wären sie Unbeteiligte, die Augen auf einen Mann gerichtet, der etwa fünfzig Meter abseits auf der Uferstraße stand und sie mit einem Fernglas beobachtete.

„Kannst du erkennen, wer es ist?" fragte Klaus.

„Könnte Schunkel sein", erwiderte der andere. „Jedenfalls ist unser Freund Rottenführer auch dabei", deutete er mit dem Kopf zu den wenigen Braunhemden, die sich noch verbissen zur Wehr setzten. „Da kann Schunkel nicht weit sein."

„Ich habe das Gefühl, daß sie uns noch großen Ärger machen werden", meinte Klaus, während sie die Uferstraße entlangschlenderten und Franz nachsahen, wie er sich umdrehte und mit raschen Schritten entfernte.

„Was hältst du von dem Neuen?" fragte Toni.

„Ich denke, daß er gut zu der Gruppe paßt", antwortete Klaus. „Er hätte sicher mitgemacht, aber ich hielt es für besser, daß er sich heute noch zurückhält."

„Er wird sich noch oft genug schlagen müssen", nickte Toni. „Und vielleicht wird es nicht nur bei Schlägereien bleiben."

Ein erneutes Freudengeheul zeigte ihnen an, daß der Kampf zu ihren Gunsten geendet hatte.

III

Außer Atem blieb Josef vor Schunkel stehen und fingerte ein Taschentuch aus der Hosentasche hervor, das er unter die blutende Nase hielt.

„Diese feigen Schweine haben uns mit ihren Fahrtenmessern bedroht", näselte er. „Wir mußten uns zurückziehen."

„Sie haben ihre Messer nicht einmal gezückt", erwiderte Schunkel ruhig und ohne das Fernglas von den Augen zu nehmen. „Sie haben sich auf euch gestürzt und euch in den Hintern getreten. Und in den Hintern kann man nur denjenigen treten, der sich umdreht, um abzuhauen. Das war nicht sehr mannhaft."

„Aber sie hatten Messer", verteidigte sich Josef und wischte sich vorsichtig das Blut aus dem Gesicht.

„Wie oft habe ich dir schon gesagt, daß ihr den Einsatz mit dem Schlagstock trainieren müßt!" Schunkel nahm das Glas von den Augen, blickte aber weiterhin angestrengt in dieselbe Richtung. „Ihr wart zahlenmäßig überlegen und hattet die Schlagstöcke. Das muß besser werden. Mehr Disziplin, mehr konsequentes Handeln, mehr Mut. Das zeichnet den deutschen Mann aus", wurde er lauter und wandte sich Josef zu. „So ein Haufen an der Front, und wir würden den Krieg verlieren! Ich erwarte von den Rottenführern, daß sie eine brauchbare Truppe aufbauen!"

„Jawohl", schlug Josef die Hacken zusammen. In seinem Eifer fiel ihm das Taschentuch aus der Hand. Er versuchte es aufzufangen, doch wie ein quecksilbriges Etwas glitt es ihm immer wieder zwischen den Fingern hindurch und narrte ihn, bis es schließlich auf dem Asphalt landete, wo es sich, seinen ungeschickten Besitzer gleichsam verspottend, dem letztmöglichen Zugriff ergab.

„Ich werde mein Bestes tun“, kam Josef wieder hoch und warf sich in die Brust. „Wird nicht noch einmal vorkommen.“

„Das will ich hoffen“, nickte Schunkel ernst und hob wieder das Fernglas an die Augen. Bewegungslos fixierte er die Anlegestelle, an der wieder Ruhe eingekehrt war.

„Die Kommunisten waren auch wieder dabei“, knurrte er. „Wenn ich das gewußt hätte ...“

„Darüber lagen mir keine Informationen vor“, wand Josef ein.

„Wir hätten sie dingfest machen können. Jetzt tauchen sie wieder unter und bleiben wochenlang verschwunden. Verdammtes Pech.“

„Die kriegen wir schon noch“, sagte Josef. „Und das Judenpack dazu.“

„Wir brauchen bessere Informationen.“ Schunkel setzte das Glas wieder ab. „Und wir brauchen sie früher“, wandte er sich zum Gehen und klopfte Josef auf die Schulter, damit er ihn begleitete.

„Unser gesamtes Informationssystem muß verbessert werden“, fuhr Schunkel fort. „Wir müssen mehr Leute einsetzen, den Feind infiltrieren. Wir müssen seinen Aktionen zuvorkommen und ihn dezimieren. Wir nehmen noch zuviel Rücksicht. Wir sollten härter durchgreifen, exemplarisch handeln, abschrecken. Das würde den Feind demoralisieren. Ich werde dafür sorgen, daß wir mehr Unterstützung bekommen. Ich werde mal mit Kommissar Köpke reden. Da muß doch was zu machen sein.“

„Er hat doch schon vor einem halben Jahr gesagt, daß er für so etwas keine Leute hat.“

„Inzwischen hat sich die Situation geändert", schüttelte Schunkel den Kopf. „Solche Elemente wie diese arbeitsscheuen Herumtreiber werden immer unverschämter. Wir können es nicht zulassen, daß sie sich in den Straßen ausbreiten. Köpkes Abteilung ist vergrößert worden. Er ist jetzt auch für Bandentum zuständig. Ich denke, ich werde ihn für die Sache interessieren können."

Die Dämmerung hatte eingesetzt. Der Rhein hatte sich ein schmutziges Grau übergezogen, und seine quirlige Frische war einer ungastlichen Kälte gewichen. Die Bäume oberhalb der Uferstraße warfen gelbscheckiges Konfetti ab, das auf den Asphalt flatterte und dort bisweilen in kleinen Wirbeln aufschreckte oder bis ins Wasser trieb, wo es bald von den grauen Wirbeln verschluckt wurde. Man spürte, daß sich der Herbst langsam durchsetzte, wenn er an einem solchen Abend die Wärme des Tages zu widerrufen suchte und fröstelnde Schauder über den Rücken schickte.

Schunkel und Josef gingen noch ein Stück miteinander, verließen schließlich die Uferstraße und trennten sich dann. Josef hatte noch fünfzehn Minuten Fußweg vor sich, doch er brauchte einige Zeit, bevor er wieder mit der gewohnten Zielstrebigkeit die Stiefelabsätze aufs Pflaster knallte. Die schmerzende Nase verunsicherte ihn, und immer wieder wischte er mit der Hand durch sein Gesicht, um zu prüfen, ob an ihr noch Blutspuren zu sehen waren.

Seine Familie wohnte in einem fünfstöckigen Mietshaus. Als er den Schlüssel im Schloß drehte, wußte Josef bereits, daß niemand zu Hause war. Die Tür war abgeschlossen. Er ging in sein Zimmer, das er mit den beiden älteren Brüdern teilte. Wie er waren beide in der HJ, wenn auch mit weniger Begeisterung. Nicht selten machten sie die eine oder andere ironische Bemerkung darüber. Schon oft hatte Josef ihnen fehlenden Ernst und mangelnden Respekt vor dem Vaterland vorgeworfen, doch stets hatten sie nur abgewunken. „Unser Familienpatriot hält mal wieder große Reden", spotteten sie dann. „Am Geburtstag des Führers können wir ja dich anstelle der Reichsflagge zum Fenster hinaushängen. Als Vaterlandssymbol schlägst du die um Längen."

Es fiel Josef nicht leicht, solchen Spott zu ertragen, aber er betrachtete ihn inzwischen als eine Art Prüfung, die er zu bestehen hatte wie jemand, der bereits sicher war, daß die Zukunft ihm recht geben und damit solchen Prüfungen Hohn sprechen würde. Dann würde er nicht mehr der kleine Bruder sein, über den man witzelte, sondern einer, der an den Fäden zog und vor dem die anderen strammstanden.

Josef schaltete die Stehlampe an und griff unter sein Bett. Er holte einen Pappkarton hervor, schob ihn unter die Lampe und öffnete ihn. Zuerst nahm er eine Lupe heraus, die auf einem Stapel von Fotografien lag, und breitete dann wahllos den Inhalt auf dem Boden aus. Die Lupe wanderte von Bild zu Bild, zögerte, verglich, ließ Gesichter erkennen. Viele der Aufnahmen waren verwackelt oder zeigten nur schemenhafte Züge und blieben auch in der Vergrößerung ein Geheimnis. Andere dagegen erwiesen sich als klare Ablichtungen mit scharfen Konturen, denen Namen zuzuordnen nicht schwerfallen konnte. Auf keiner der Fotografien aber fingen die Gesichter den Blick des Betrachters auf. Es waren heimliche Aufnahmen, entstanden im Gewühl irgendeines Festes, auf dem Markt, im Park oder in irgendeiner Straße, wie zufällig, im Vorbeigehen, wie von jemandem gemacht, der beobachtet, der beschattet.

Josef war stolz auf seine Fotografien, die ihn bisher schon ein gutes Stück Arbeit gekostet hatten. Einige legte er zur Seite und betrachtete sie genauer. Er nickte langsam, als Manni unter der Lupe auftauchte und noch einige der Jungen, mit denen er sich an diesem Spätnachmittag geschlagen hatte. Er holte einen Stift und drehte die Bilder um, auf deren Rückseite Namen, Adressen und Daten standen. Auf jede trug er Tag, Uhrzeit und Ort und dahinter ein ‚BZ' für ‚Bewaffneter Einsatz' ein. Dann betrachtete er die Fotos erneut.

„Euch werde ich noch fertigmachen", drohte er flüsternd dem lachenden Gesicht, von dem er nun den Namen Manfred kannte und dem er die schmerzende Nase verdankte.

Die Dunkelheit gab nichts preis, aber Franz lag mit offenen Augen im Bett und ließ auf der schwarzen Leinwand Bilder entstehen. Mannis Jungengesicht! Niemals hätte er bei seinem Freund einen solchen Willen zum Widerstand gegen die Nazis vermutet. Manni hatte ihm ein gut gehütetes Geheimnis offenbart und damit zweifellos ein Vertrauen in ihn gesetzt, an das weitere Erwartungen geknüpft waren. Und ob Franz sich nun mit der HJ geschlagen hatte oder nicht: irgendwie hing er bereits drin in der Sache.

Dann der Felsensee! Bisher war er lediglich irgendein Ausflugsziel wie Königswinter oder die Rheinwiesen gewesen, aber nun hatte er seinen Charakter grundlegend verändert. Er war kein unschuldiger Ort mehr, wo Picknickdecken ausgebreitet wurden und Kindergeschrei übers Wasser spritzte, sondern ein konspirativer Treffpunkt, an dem sich die Stärke der Tradition gegenüber dem geltenden Gesetz bewies.

Und Marianne! Jetzt, da er an sie dachte, versetzte sie ihn in Aufregung. Ihre koketten Blicke schwebten über ihm, ihr Gesicht war zum Greifen nahe, aber Franz streckte nicht die Hände aus, weniger aus mangelndem Bedürfnis als vielmehr aus einem unbestimmten Gefühl heraus, darüber erst gründlicher nachdenken zu müssen. Das war keine einfache, unkomplizierte Jungen-Mädchen-Geschichte. Wenn sich zwischen ihnen beiden etwas entwickeln sollte, dann war das auch Auslieferung der Gedanken, Verschwörung, ein Hauch von Revolution. Eine romantische Vorstellung zwar, in dieser Zeit aber zu ernst, um ohne Überlegung daranzugehen.

Schließlich die Schlägerei mit der HJ! In ihr hatte der Geist des Wochenendes gleichsam Gestalt angenommen. Nicht mehr nur Verbote übertreten, heimlich, weit außerhalb jeglichen Zugriffs, sondern das Abgelehnte, das Gegnerische, das Feindliche direkt konfrontieren. Die Ablehnung oder Feindseligkeit endgültig machen, Position beziehen. Diesen letzten Schritt hatte man ihm bisher erspart, erkannte Franz, um ihm ein wenig mehr Bedenkzeit einzuräumen.

Aber stand nicht sein Entschluß schon fest? Hatte er ihn nicht schon – wenn auch vorsichtig – ausgesprochen? Wenn er schon für den gesamten militaristischen HJ-Kram nichts übrig hatte, konnte er ihm auch vollends den Rücken kehren und die Gegenseite wählen. Seinem Vater käme dies sicher nicht einmal ungelegen. Nicht selten waren ihm unwillkürliche Bemerkungen über die Lippen gesprungen, irgendwie um seinen Fronteinsatz herumkommen zu müssen, sein Leben nicht fürs Vaterland – für *dieses* Vaterland – riskieren zu wollen. Aber er hatte ja Familie. Hätte er sich der Einberufung entzogen, hätte er in der Illegalität leben müssen. Gefängnis und Lager hätten ihm gedroht, wenn man ihn gefunden hätte. Und auch seine Frau und sein Kind wären vor den Willkürmaßnahmen der Nazis nicht mehr sicher gewesen. Kein Zweifel: das kleinere Übel war die Front. Franz' Entscheidung, sich den Navajos anzuschließen, würde der Vater zumindest als eine Art Ausgleich betrachten.

Die Mutter war vorsichtiger, wußte Franz. Wenn sie auch in vielen Dingen die Meinung des Vaters teilte, so war sie doch mehr um Ausgleich bemüht und versuchte, irgendwie mit allen auszukommen. Bisweilen fiel ihr das schwer, etwa, wenn sie mit dem Blockwart aneinandergeriet, der ihr wiederholt Verstöße gegen das Verdunkelungsgebot vorwarf, weil die Gardine einen fingerbreiten Lichtspalt freigelassen hatte, den man selbst aus zehn Meter Höhe nicht mehr hätte erkennen können. Oder wenn sie – zum wievielten Mal? – von Franz' Lehrern, die allesamt Nazis waren und das Parteiabzeichen trugen, in die Schule bestellt wurde. Dort mußte sie sich den belehrenden Tonfall, der üblichen Schülerstreit zu oft zitierter Disziplinlosigkeit und unvölkischem Geist aufbauschte, gefallen lassen. Deshalb würde es wohl besser sein, sie nicht in alle Details einzuweihen, überlegte Franz. Nur das Nötigste, um sie nicht zu beunruhigen.

Franz horchte auf. Von weither näherte sich ein Brummen. Bomber! schoß es Franz durch den Kopf. Mit einem Satz war er aus dem Bett und zog sich im Dunkeln Hemd und Hose über. Seine Kleidung legte er abends stets so ab, daß er sie auch ohne Licht finden und anziehen konnte. Bei Fliegeralarm war keine Zeit zu verlieren, wenn man rechtzeitig den Luftschutzkeller oder den Bunker erreichen wollte.

Aber es gab keinen Fliegeralarm. Franz hielt inne. Obwohl das Brummen deutlich näher gekommen war, blieben die Sirenen stumm. Keine Flugzeuge, schloß Franz und tastete sich zum Fenster, wo er den doppelten Vorhang ein wenig zur Seite zog und auf die Straße blickte. Schritte hallten über das Pflaster, laufende Schritte, die sich der Tarnung der Nacht bedienten und sich schnell entfernten. Stimmen, aufgeregt raunend und offenbar atemlos.

Franz glaubte, die Schemen von zwei oder drei Gestalten erkennen zu können, die bald darauf mit dem Schatten eines Hauseingangs verschmolzen und dann wie vom Erdboden verschluckt schienen. Die Straße war wieder leblos, aber in einiger Entfernung erkannte Franz nun zwei Scheinwerferkegel, die den Himmel absuchten.

Zwei Querstraßen entfernt, stellte Franz fest. Suchten die Scheinwerfer vielleicht doch Bomber? Oder einen Luftaufklärer? Mitten in der Nacht? Kaum vorstellbar, dachte er. Dort stand keine Flak mit ihren Suchscheinwerfern, und außerdem bewegten sich die Lichtkegel in die Richtung seiner Straße.

Jetzt ergossen sich die beiden Lichtsäulen in die Straße, das Brummen schwoll an. Eine Lastwagenkolonne näherte sich, bedrohlich wie ein Reptil, mit kleinen, gefährlich blinzelnden Augen, die kaum dazu ausreichten, den Weg der Kolonne erkennbar zu machen. Dafür tauchten die grellen Fontänen auf dem Rücken des Reptils die Straße in eine bizarre Szenerie, verwandelten sie in eine Bühne, auf der sich meterhohe Geister tummelten und in blitzschnellen Wirbeln und Sprüngen einen Teufelstanz vollführten. Nicht den Himmel suchten die Scheinwerfer ab, erkannte Franz, sondern die Dächer der Häuser. Und ununterbrochen stürzte von dort oben irgend etwas auf die Kolonne herab, trommelte auf die Dächer der Lastwagen, zerbarst auf dem Pflaster, wurde von Deckplanen abgefedert oder zerschlug dumpf klirrend eine Autoscheibe.

Der Lärm wurde stärker, als aus den Flanken des Reptils plötzlich Beine herauswuchsen, um sie für einen Augenblick lang in einen Tausendfüßler zu verwandeln, doch dann lösten sich die Beinchen, schwärmten aus und fanden Schutz an den Häuserwänden. Im suchenden Blitzlicht sah Franz, wie die SA-Männer von Tür zu Tür eilten, bewaffnet mit Knüppeln und Brecheisen. Befehle wurden deutlich, unterbrochen von Gejohle und Beschimpfungen, die von den Dächern durch die Straßen hallten. Das halbe Stadtviertel schien sich auf den Dächern verschanzt zu haben, um die SA mit Steinen, Dachpfannen und Blumentöpfen zu bombardieren.

Hinter sich hörte Franz ein Geräusch. Er drehte sich um. Im Türrahmen stand seine Mutter, die sich lautlos auf ihn zu bewegte. Als seine Mutter neben ihm stand und durch den Gardinenspalt auf die Straße blickte, fielen Franz die tiefen Furchen in ihrem Gesicht auf, die jetzt, da sie aus dem Schlaf gerissen worden war, sehr viel deutlicher hervortraten als sonst. Eine tiefe Sorge spiegelte sich in diesem Gesicht wider, deren Spuren sich selbst nach einer Erlösung von jahrelangem Schmerz nicht mehr würden verwischen lassen. Und auch die Angst, die ständige Erwartung, daß eines Tages ein Brief kommen könnte, der ihr den Mann nahm, war jetzt offensichtlich und ließ sich vor Franz' Augen nicht mehr verbergen.

„Die SA", raunte Franz, ohne den Blick von ihr zu lassen. Er war erstaunt über sich selbst, daß er das Leiden der Mutter erst jetzt wirklich wahrnahm.

„Mein Gott", flüsterte sie. „Die werden uns alle verhaften."

„Glaube ich nicht", sagte Franz. „Die sind nur hinter ganz bestimmten Leuten her. Hier aus unserem Viertel", blickte er wieder auf die Straße.

„Aber die werfen mit Steinen! Das kann doch nicht gutgehen."

„Die SA kann nicht das ganze Viertel verhaften", schüttelte Franz den Kopf. „Dafür bräuchte man eine ganze Armee."

Plötzlich zuckte er zurück und zog hastig den Vorhang zu. Im Zimmer wurde es hell. Einer der Scheinwerfer war direkt auf das Fenster gerichtet und schien sich in das Zimmer zu fressen. Instinktiv wichen Franz und die Mutter einige Schritte zurück. Nach einigen Sekunden ließ der Scheinwerfer von dem Fenster ab. Franz tastete sich wieder vor und schob die Gardine ein Stück zur Seite. Die Mutter griff ängstlich seinen Arm.

„Geh lieber wieder zu Bett“, flüsterte sie. „Sonst passiert noch was.“

„Sie fahren doch schon weiter“, beschwichtigte Franz sie und beugte sich ein wenig vor, um die Straße besser überblicken zu können. Die SA hatte einige der Eingangstüren aufgebrochen, um die Häuser zu durchsuchen. Aus den Schatten quollen nun die Uniformierten wieder heraus, doch hatte es offensichtlich noch keine Verhaftungen gegeben. Jedenfalls konnte Franz keine Zivilisten unter ihnen ausmachen. Als die Wagenkolonne sein Elternhaus fast passiert hatte, wurde es plötzlich lauter. Befehle hallten kehlig und heiser, die Wagen beschleunigten und die Uniformierten rannten die Straße hinunter, ohne weitere Haustüren aufzubrechen.

Wahrscheinlich irgendein armes Schwein vom Schwarzmarkt, das jemand verpfiffen hat, dachte Franz. Oder einer, der zu laut gegen die Nazis gewettert hatte.

Der Lärm entfernte sich. Franz legte sich in sein Bett.

„Gute Nacht“, raunte er seiner Mutter zu, die lautlos durch die Tür schlich.

„Ja“, sagte sie nur. „Schlaf gut.“

Am nächsten Tag erfuhren sie, daß die SA zwei Häuserblocks entfernt etliche Sozialdemokraten und Kommunisten verhaftet hatte.

IV

Aus einiger Entfernung betrachtet, verschmolz die Fassade des kleinen, grauen Hauses fast mit dem farblosen Anstrich des Abendhimmels. Der Vorgarten war ungepflegt, der Rasen seit Wochen nicht geschnitten. Die Fenster erschienen wie leblose Augenhöhlen, in denen man nur selten eine Bewegung wahrzunehmen vermochte. Hier lebte man zurückgezogen, aber eine kleine Reichsflagge, die unterhalb eines der Fenster in der ersten Etage angebracht war, bewies die rechtschaffene Überzeugung seiner Bewohner.

Klaus und Toni gingen an dem Haus vorbei und unterhielten sich angeregt. Niemandem, der sich zufällig auf der Straße befand, fielen die aufmerksamen Blicke auf, die sie zur Seite warfen und mit denen sie die andere Straßenseite absuchten, ohne die Köpfe zu wenden. An der nächsten Querstraße blieben sie stehen. Klaus bückte sich, um seine Schuhe auf- und wieder zuzuschnüren, während Toni sich umdrehte, um ein wenig gelangweilt die ein- und zweigeschossigen Häuser in der Straße zu betrachten. Klaus richtete sich wieder auf, sie schlenderten noch ein paar Meter in die Querstraße hinein, blieben nochmals stehen, damit sich Toni eine Zigarette anzünden konnte, und gingen dann wieder zurück in Richtung des grauen Hauses, dessen verwahrloster Vorgarten sich unter der Mahnung der Reichsflagge zu ducken schien. Das Haus sah alles andere als einladend aus, doch ohne zu zögern schlüpften Klaus und Toni durch das niedrige Gartentor, gingen zur Eingangstür an der Seite des

Hauses, die nur angelehnt war, und verschwanden im Halbdunkel der Diele.

Ein Mann um die fünfzig lächelte ihnen entgegen und begrüßte sie mit einem kräftigen Händedruck.

„Guten Tag, Herr Jensen", sagten Klaus und Toni fast gleichzeitig.

„Geht schon vor", wies Jensen ihnen eine weiß lackierte Tür, die offenstand und eine Treppe in den Keller freigab. „Ich warte hier oben noch auf die anderen."

Klaus und Toni nickten ihm freundlich zu und stiegen die hölzernen Stufen hinab, darauf bedacht, keinen unnötigen Lärm zu verursachen, denn der hohle Klang vieler Schritte könnte noch im Garten des Nachbarn zu hören sein. Sie tauchten in das schmutzige Weiß des Gewölbekellers ein, der nur schwach beleuchtet war. An den gekälkten Steinen hingen ungezählte Spinnweben, die darauf hindeuteten, daß man hier den Keller lediglich als kaum umsorgtes Anhängsel des Hauses betrachtete, in dem man Kohlen oder Eingemachtes lagerte. Klaus deutete auf die Zigarette zwischen Tonis Fingern. Toni spuckte auf die Fingerspitzen und betupfte den glimmenden Kopf. Mit einem leisen Zischen erlosch die Glut, der Stummel verschwand in der Hosentasche. Klaus öffnete eine Stahltür. Ein wenig geblendet kniff er die Augen zusammen und trat in den hell erleuchteten Raum, der keine Fenster zeigte und in dessen Mitte ein Holztisch mit mehreren gepolsterten Stühlen stand. Eine grauhaarige Frau erhob sich und ging lächelnd auf Klaus und Toni zu.

„Schön, daß Sie gekommen sind", grüßte sie die beiden und führte sie an den Tisch. „Das ist Johannes Morgenstern", stellte sie einen jungen Mann vor, der von seinem Stuhl aufstand und ihnen die Hand schüttelte. „Vor zwei Monaten hat man die Schneiderei seines Vaters abgebrannt und seine gesamte Familie abgeholt. Nur er ist entkommen."

„Aus welcher Stadt?" fragte Toni freundlich.

„Aus Hamburg", antwortete Johannes.

„Ziemlich weiter Weg bis hierher", meinte Toni. „Wäre es in Hamburg nicht sicherer für dich?"

„Fast alle meiner jüdischen Verwandten sind inzwischen abgeholt worden", schüttelte Johannes den Kopf. „Ein Freund hat mir geraten, mich bis hierher durchzuschlagen. Vielleicht kann ich es ja bis in die Schweiz schaffen."

„Das wird schwierig sein", sagte Toni. „Die lassen auch nicht mehr jeden über die Grenze."

„Ich muß es versuchen", zuckte Johannes die Schultern.

„Und das ist Paul Schulte", stellte die Grauhaarige einen anderen Mann mit einer Boxernase vor, ein wenig dicklich und sehr kräftig, wie Klaus und Toni aus seinem Händedruck schlossen.

„Er ist Lastwagenfahrer und Schlosser", erklärte die Grauhaarige. „Er ist vor einer Woche aus dem Gefängnis geflohen."

„Warum hat man Sie eingesperrt?" fragte Toni.

Paul räusperte sich. „Wegen Diebstahl und Einbruch", sagte er mit rauher Stimme.

Toni zog überrascht die Augenbrauen hoch und schaute die Grauhaarige an.

„Frau Jensen, seit wann verbünden wir uns mit ...", setzte er an.

„Später, Toni", unterbrach sie ihn. „Die beiden sind auf unsere Hilfe angewiesen. Das soll uns im Moment genügen."

Jetzt grüßten Toni und Klaus auch die anderen Anwesenden, die sie bereits kannten. Gerhard, etwa im gleichen Alter wie sie selbst, mit hellblonden Haaren und einer schlaksigen Figur. Seine Arme hingen ihm an den Schultern wie Fremdkörper. Entweder sie baumelten an den Seiten herunter, als hätte man sie einfach eingehängt, ohne Muskeln und Nerven, um sie zu kontrollieren, oder sie lagen verschränkt vor ihm auf dem Tisch wie abgelegte Winkeleisen. Gerhard machte einen schüchternen Eindruck und erwiderte den Gruß der Ankömmlinge mit einem stummen Kopfnikken.

Auch Wolfgang grüßte wortlos zurück. Er war der Jüngste unter den Anwesenden, vielleicht achtzehn oder neunzehn Jahre alt, kurzgeschorenes, dunkles Haar, stahlblaue Augen. Das kurzärmelige Hemd zeigte muskulöse Arme. Aber es war kein gewöhnliches Hemd. Wolfgang trug eine HJ-Uniform, und jeder, der ihm auf der Straße begegnet wäre, hätte in ihm einen der vielen Namenlosen vermutet, die sich vom Strom der Zeit tragen ließen und so – ob sie es wollten oder nicht – dem Reich zu jener Stärke verhalfen, die alles Schwache und Andersartige unter sich zermalmte.

Die Stahltür wurde wieder geöffnet. Jensen trat ein, gefolgt von einer jungen Frau, die kaum älter sein konnte als Wolfgang. Sie trug einen langen, schwarzen Faltenrock und eine graue Bluse. In der Hand hielt sie eine kleine Tasche. Die langen, blonden Haare hatte sie streng nach hinten gekämmt und zu einem Pferdeschwanz zusammengebunden. Sie machte einen sehr bürgerlichen Eindruck, und ihr ganzes Verhalten ließ auf eine vornehme Erziehung schließen. Jensen stellte sie Johannes und Paul als Helga Kräutner vor.

„Wir sind komplett", rieb sich Jensen die Hände.

„Dann können wir ja anfangen", sagte Frau Jensen und blickte freundlich in die Runde.

Johannes kramte in seiner Hosentasche und holte ein zerknittertes Blatt Papier und einen Bleistiftstummel hervor. Beides legte er vor sich auf den Tisch.

„Keine schriftlichen Notizen, bitte", blickte Jensen ihn ernst an.

„Verstehe“, nickte Johannes sofort und ließ Papier und Stift wieder verschwinden.

„Auch nachher nicht“, sagte Jensen. „Ich muß darauf bestehen. Das gilt für uns alle“, schaute er auch Paul an.

„Ist klar!“ nickte der.

Von nun an redeten sie mit gedämpfter Stimme, obwohl sie eigentlich sicher sein konnten, daß bereits hinter der Stahltür niemand mehr verstehen konnte, was hier unten in diesem Kellerraum besprochen wurde. Aber sie hatten sich bei ihren Treffen im Haus des Ehepaars Jensen eine übergroße Vorsicht angewöhnt, die sie vor bösen Überraschungen bewahren sollte. Außerhalb des Hauses konnte überall der Feind lauern. Außerhalb des Hauses, da lag das Deutsche Reich mit seinen Bluthunden, der Gestapo, der SA, der SS. Würde dieser Feind von ihren heimlichen Zusammenkünften, ihren Entscheidungen und den – wie es hieß – staatsfeindlichen und verräterischen Taten erfahren, würden sie alle dies kaum mehr als ein paar Tage überleben. Nach der Folter würde der Galgen ihr Ende sein.

Dieser Feind einte sie und gebot ihnen größte Vorsicht, mit der sie sich dem Haus näherten und es betraten, mit der sie sprachen und später wieder in die eigenen Wohnungen zurückkehrten. Auch Wolfgang fürchtete den Feind, obwohl er die Uniform der HJ trug. Sie war lediglich eine Tarnkappe, die ihm durch Ungeschicklichkeit oder Leichtsinn allzu leicht vom Kopf gerissen werden konnte.

„Zuerst müssen wir dafür sorgen, daß Johannes und Paul sicher untergebracht werden“, gab Jensen zu bedenken.

„Paul kann bestimmt für eine Weile bei der Spedition Lehmann unterkommen“, sagte Helga. „Lehmann hat uns in ähnlichen Fällen schon unterstützt. Außerdem könnte sich Paul dort nützlich machen, dann wird es ihm nicht langweilig", lächelte sie Paul freundlich an und blickte dann wieder zu Jensen. „Soll ich Lehmann fragen?"

„Ja, ich hatte auch schon daran gedacht", nickte Jensen. „Die Spedition wäre das geeignete Versteck für Paul."

„Bis heute abend weiß ich Bescheid", sagte Helga.

„Dann kann Johannes bei uns bleiben", sagte Frau Jensen. „Nächste Woche könnten wir einen Lieferwagen organisieren, der nach Karlsruhe fährt und ihn mitnehmen kann. Bis dahin müßten Sie hier unten im Keller bleiben", schaute sie Johannes an.

„Wenn es weiter nichts ist ...", lächelte Johannes und zuckte die Schultern.

„Dann wäre das geklärt", sagte Jensen. „Wie steht es mit den Flugblättern?" wandte er sich an Klaus. „Können wir bald damit anfangen?"

„Es ist schwieriger, als wir es uns vorgestellt haben", erwiderte Klaus. „Ich habe alles nur Mögliche versucht, aber ich fürchte, daß auf legalem Wege weder Wachsmatrizen noch genügend Papier zu beschaffen sind."

„Jetzt holen die Versorgungsprobleme auch noch den Widerstand ein", seufzte Jensen und lehnte sich zurück. „Jeden Tag neue Probleme. Hat jemand einen Vorschlag?"

„Wenn wir das Material für die Flugblätter nicht auf legalem Weg bekommen", zuckte Toni die Schultern, „dann müssen wir eben zu illegalen Mitteln greifen."

„Du willst die Sachen doch nicht etwa klauen?!" fuhr Gerhard hoch und schaute Jensen fragend an.

„Wir können nicht erwarten, daß das Deutsche Reich dem Widerstand Sonderzuteilungen von Papier und Matrizen genehmigt", sagte Helga. „Oder willst du zur Gestapo gehen und sie fragen, ob sie uns mit ein paar tausend Blatt Papier aushelfen können?" Sie schaute Gerhard mit ironischem Blick an. Der entrüstete sich stumm.

„Es mag deiner christlichen Überzeugung widersprechen", fuhr sie fort, „aber ich denke, Toni hat recht. Wir müssen zeigen, daß die Gegner des Faschismus aktiv sind. Und wenn die Nazis Gesetze außer Kraft setzen, können wir das in einem solchen Fall auch tun – als Ausnahme", sah sie Toni an, „nicht als Regel."

„Ich weiß nicht ...", sagte Gerhard nachdenklich.

„Wir wissen alle, daß wir die Gesetze brechen", beugte sich Jensen nach vorne und stützte sich auf die Ellbogen. „Aber wir sehen uns dazu gezwungen, weil es unter der Hitler-Diktatur keinen anderen Weg mehr gibt, unsere Rechte als Menschen einzufordern. Die Motive jedes einzelnen von uns mögen verschieden sein, aber wir sind uns einig darüber, daß unser Schweigen hieße, die Diktatur hinzunehmen. Deshalb sitzen wir hier in diesem Keller, und deshalb werden wir weitermachen. Und du solltest dir kein schlechtes Gewissen einreden", wandte er sich Gerhard zu. „Du solltest bedenken, daß es verschiedene Übersetzungen der zehn Gebote gibt. Es heißt: ‚Du sollst nicht stehlen', aber eine andere Übersetzung lautet: ‚Lebe so, daß du nicht zu stehlen brauchst'. Wenn es also tatsächlich notwendig sein sollte zu stehlen, um zu leben, um *menschenwürdig* zu leben, dann scheint dies auch die Bibel zu erlauben. Aber wenn du Bedenken hast ..."

„Nein", sagte Gerhard zögernd. „Aber ich habe mich noch nicht so richtig an das alles gewöhnt ... diese Treffen ..."

„Das sollst du auch nicht", lächelte Jensen. „Ich will nicht hoffen, daß der Widerstand irgendwann eine Frage der Gewohnheit wird."

„Lebe so, daß du nicht zu töten brauchst", hörte man plötzlich die leise Stimme von Klaus.

„Wie bitte?“ fragte Jensen erstaunt. Auch die anderen hielten inne und starrten Klaus an.

„Nichts“, winkte Klaus ab. „War nur so ein Gedanke.“

Jensen schien ein wenig verwirrt und brauchte einige Sekunden, um sich zu sammeln.

„Also“, sagte er dann. „Wer besorgt die Matrizen und das Papier?“

„Das mache ich“, sagte Klaus bestimmt. „Ich habe dafür schon eine Druckerei ausgesucht. Aber ich brauche Hilfe. Ich bin noch niemals irgendwo eingebrochen.“

Sie schauten einander fragend an, bis ihre Blicke wie selbstverständlich auf Paul zu ruhen kamen. Irritiert richtete Paul sich auf und sah von einem zum anderen.

„Was denn?“ sagte er heiser. „Ich bin doch kein Politischer. Ich bin doch ...“

„... ein Einbrecher“, ergänzte Toni. „Und damit wie geschaffen für diese Aufgabe.“

„Aber ...“ Paul wußte sich kaum zu verteidigen.

„Wir sitzen doch alle in einem Boot“, sagte Jensen ruhig. „Die Nazis würden uns alle lieber heute als morgen loswerden, am besten durch den Strick. Wir verstecken dich vor ihnen, Paul. Und wir wären dir sehr dankbar, wenn du uns diesen kleinen Gefallen tätest. Es ist doch sicher eine Kleinigkeit für dich, ein Schloß oder eine Tür aufzubrechen.“

„Nun ja“, überlegte Paul und kratzte sich im Nakken. „Ich könnte es ja mal versuchen.“

„In Ordnung“, grinste Klaus. „Wir werden es schon schaffen.“

„Die Einzelheiten könnt ihr später besprechen“, sagte Jensen. „Nehmt euch Zeit für die Sache. Wir wollen nicht zuviel riskieren.“

Während sie miteinander sprachen, schien es in dem Kelleraum wärmer zu werden. Paul wischte sich mehrmals den Schweiß von der Stirn. Klaus lächelte amüsiert in sich hinein. Es war kaum zu übersehen, daß Paul sich unter den ‚Politischen' unwohl fühlte und er sich noch mit dem Gedanken anfreunden mußte, in Zukunft einer von ihnen zu sein. Er hörte den Gesprächen der anderen aufmerksam zu, doch war in seinem Gesicht zu lesen, daß das Verstehen bisweilen hinterherhinkte. Wenn die anderen es bemerkten, bemühten sie sich, in klaren Worten und eindeutigen Begriffen zu reden. Pauls nachdenkliches Nicken bestätigte ihnen dann, daß er begriff, worum es ging, aber manchmal nickte Paul auch nur, um nicht regungslos dazusitzen und zu schweigen. Ein Kopfnikken war immerhin Reden ohne Worte, und das gab ihm das Gefühl, in dieser Runde kein Fremder zu sein. Und je länger er dort saß und nickte, desto mehr wurde ihm bewußt, daß man ihm ehrliche Aufmerksamkeit schenkte, daß er für sie wichtig war.

Paul war ein einfacher Mensch, aber nicht dumm, und daß er die Hauptschule nicht abschließen konnte, hatte nicht an ihm gelegen. Seine Familie war arm. Der frühe Tod des Vaters hatte ihm keine andere Wahl gelassen, als sich vorzeitig eine Arbeit zu suchen, damit die sechs jüngeren Geschwister versorgt waren. Später, als es keine Arbeit mehr gab und seine jüngste Schwester an Tuberkulose starb, war Diebstahl die einzige Möglichkeit, am Leben zu bleiben.

Als Jensen das Treffen beendete und alle aufstanden, lächelte Paul. Die ‚Politischen' waren ihm in den drei Stunden sympathisch geworden. Begriffe wie Widerstandsbewegung, Untergrundkämpfer, Menschenrecht und Freiheit waren ihm nun keine Fremdwörter mehr. Sie galten auch für ihn. Das klang bedeutsam, und er war ein wenig stolz darauf, nun dieser Gruppe von Leuten anzugehören, welche diejenigen zu ihren Feinden erklärt hatte, die ihn so gedemütigt hatten. Bisher hatte er als Volksschädling gegolten, als Arbeitsscheuer, obwohl er seit seiner Kindheit jede Arbeit angenommen hatte, um seine Familie durchzubringen. Jetzt aber war er jemand, auf den man zählte, den man brauchte. Eine gewisse Genugtuung ergriff von ihm Besitz bei der Vorstellung, es seinen Schindern heimzahlen zu können. Er war kein gewöhnlicher Krimineller mehr, sondern ein Politischer, einer, der an den Grundfesten einer zweifelhaften Ordnung rüttelte.

V

Franz schlug den Kragen seiner Jacke hoch und rieb sich die Hände. Der Atem stand ihm wie eine Rauchfahne vor dem Gesicht und stieg langsam in die kühle Abendluft hinein. Das Laub raschelte, als Franz näher an Manni heranrückte.

„Ganz schön kalt", raunte er leise, um das Lied nicht zu unterbrechen, das einer der Jungen sang. Auch Marianne zog fröstelnd die Schultern hoch, folgte Franz und lehnte sich leicht an ihn. Franz lächelte sie an.

Fast jeden Abend trafen sie sich hier im Park, um Lieder zu singen, sich zu unterhalten oder einfach nur die klaren Abende des beginnenden Herbstes zu genießen. Heute waren sie gut ein Dutzend. Kaum jemand, der durch den Park spazierte, nahm Notiz von ihnen. Vielleicht schaute man auch absichtlich zu Boden oder in eine andere Richtung, um nicht irgendwie mit dem buntkarierten Haufen in Verbindung gebracht zu werden. Mancher wandte auch den Blick ab, weil er es nicht ertragen konnte, daß da andere ungeniert verbotene Lieder sangen, deren Chor man in Gedanken mitsummte, selbst aber nicht den Mut aufbrachte, die Stimme zu erheben. Das beschämte und gebar unangenehme Fragen, vor deren Antworten man davoneilte, um den Park auf dem kürzesten Weg zu verlassen.

Manni zündete sich eine Zigarette an und hielt Marianne und Franz die Schachtel hin. Franz fingerte sich eine heraus. Das aufflackernde Streichholz tauchte sein Gesicht in ein weiches Gelb, und er blinzelte ein wenig, als ihm der Rauch der Zigarette in den Augen brannte. Es war inzwischen fast dunkel geworden; bald würden sie sich auf den Heimweg machen müssen.

„Vorsicht!" zischte Manni plötzlich. Franz schreckte auf. Er schaute sich um und blickte seinen Freund fragend an.

„Unter achtzehn Jahren ist Rauchen in der Öffentlichkeit verboten", grinste Manni.

„Blödmann", murrte Franz erleichtert und lächelte dann.

„An Überraschungen wirst du dich bei uns gewöhnen müssen", sagte Manni. „Demnächst geht's mal wieder rund", warf er Marianne einen kurzen Blick zu.

„Wieder eine Schlägerei mit der HJ?" fragte Franz.

„Nein", schüttelte Manni den Kopf und zog an der Zigarette. „Diesmal wird es ernst."

„Worum geht es denn?" Franz wurde neugierig.

„Nun ja", antwortete Manni langsam und beugte sich zu Franz, aber er kam nicht weiter. Mit ohrenbetäubendem Heulen setzten die Sirenen ein und fuhren den Jungen und Mädchen in die eingeschlafenen Glieder. Fliegeralarm! Mühsam kamen sie auf die Beine und blickten in den Himmel. In ein paar Minuten würden die Bomber über der Stadt sein.

„Zum Schuhmann-Bunker!" brüllte einer der Jungen und winkte den anderen zu, damit sie ihm folgten. Sie rannten los.

Franz keuchte, aber nicht das Laufen nahm ihm den Atem, sondern die Aufregung. Bis nach Hause würde er es nicht mehr schaffen, um gemeinsam mit der Mutter im Luftschutzkeller den Bombenangriff abzuwarten. Franz wußte, die Mutter würde schreckliche Angst um ihn haben, und eine weitere Spur würde sich irgendwo in ihr Gesicht eingravieren. Aber daran konnte er jetzt nichts ändern, er mußte sich auf dem schnellstmöglichen Weg in Sicherheit bringen.

In den Straßen strömten die Menschen in eine Richtung: Leute, die auf dem Heimweg von der Arbeit waren, überraschte Spaziergänger, Bewohner von Häusern, die nicht über einen Schutzkeller verfügten. Die Flucht vor dem Angriff verlief geordnet, der Krieg war bereits zur Routine geworden. Ein Luftschutzwart trillerte auf seiner Pfeife und ruderte mit den Armen, aber der menschliche Fluß blieb ruhig und mündete schließlich in einen Hochbunker, einen häßlichen Betonklotz, den man auf einem ehemaligen Sportplatz errichtet hatte.

Vor dem Eingang erwartete sie ein geduldiges Gedränge. Wer nervös war, verbarg dies hinter gekünstelten Witzeleien.

„Jetzt läßt der Tommi wieder ein paar Eier auf die Erde klatschen", hörte man eine Männerstimme.

„Und wir können anschließend wieder alles saubermachen", erwiderte jemand.

„Wer hat Eier fallengelassen?" fragte eine Kinderstimme.

Erleichtertes Lachen war die Antwort, dann schwiegen alle.

Im Bunker suchte sich jeder einen Platz, möglichst an einer der nackten Betonwände, an die man sich lehnen konnte. Je nach Entfernung der Detonationen meldeten sie die Einschläge der Bomben mit leichten Vibrationen oder heftigem Zittern. Diejenigen unter ihnen, die aus den Häusern geflohen waren, breiteten Decken aus oder setzten sich auf Kissen, neben sich eine Tasche mit schnell eingepacktem Proviant, Dokumenten und vielleicht einem Silberbesteck, denn niemand konnte sicher sein, die Wohnung nach dem Angriff in unversehrtem Zustand vorzufinden.

Die Navajos drängten sich in einer Ecke zusammen. Im Bunker war es warm, gut zweihundertundfünfzig Menschen erfüllten den matt erleuchteten, kahlen

Raum mit einem gleichmäßigen, gedämpften Stimmengewirr. Franz, Manni und die anderen zogen ihre Jakken aus und bereiteten ein Lager. Zwar saß es sich auf diese Weise nur unwesentlich weicher, doch die bunte Flickendecke, auf der sie sich nun flegeln konnten, gab ihnen ein Gefühl gegenseitigen Beistands.

Die nackten Glühbirnen, die an langen Leitungen von der Decke hingen, bewegten sich leicht in der von unterdrückter Anspannung geschwängerten Luft. Scheinbar belanglose Gespräche, die vom Grund dieser unfreiwilligen Versammlung ablenken sollten, gewannen an Bedeutung. Das Stimmengewirr hob an, nachdem sich alle auf dem Boden niedergelassen hatten und die Körper zur Ruhe gezwungen waren.

Die Glühbirnen flackerten. Augenblicklich wurde es still im Bunker, die Blicke richteten sich zur Decke. Jetzt hörte man die Einschläge, weit entfernt, dumpf und kaum wahrnehmbar, wenn man an die Betonwand gelehnt war. Aber die Detonationen kamen näher, das Flackern des Lichts wurde stärker, und das Zittern des Bodens verursachte ein merkwürdiges Kribbeln in den Körpern. Gespräche wurden wieder aufgenommen, ein wenig verhaltener als zuvor zwar, aber das Bemühen wurde deutlich, die Situation zur Alltäglichkeit, zur Normalität reduzieren zu wollen.

Manni rückte näher an Franz heran. Er schaute sich um und stieß den Freund an.

„Wir bereiten da gerade eine Sache vor, für die wir dich ganz gut gebrauchen könnten", flüsterte er. „Ist nicht ungefährlich, aber sehr wirkungsvoll."

„Aha", raunte Franz und sah Manni fragend an.

„Flugblätter verteilen", sagte Manni nur.

„Ich soll mich auf die Straße stellen und Flugblätter verteilen?" war Franz erstaunt. „Bist du verrückt? Was sind denn das für Flugblätter?"

„Natürlich nicht am hellichten Tag. Da könntest du

ja gleich zur Gestapo gehen", erklärte Manni. „Nein, nachts, wenn Fliegeralarm ist. Informationen über die tatsächliche Lage an der Front. Einfach auf den Straßen verteilen und in die Briefkästen werfen."

Franz schluckte und betrachtete das karierte Muster seiner Jacke. Sein Herzschlag schien die Detonationen zu übertönen. Er wußte, daß er mit so etwas hatte rechnen müssen. Seit er sich den Navajos angeschlossen hatte, war immer wieder die Rede gewesen von irgendwelchen geheimnisvollen Aktionen gegen die Nazis, aber bis heute hatte er noch nichts darüber erfahren, was damit gemeint war. Marianne, die zugehört hatte, legte das Kinn auf ihre Knie und betrachtete Franz mit ernstem Blick. Franz schaute sie kurz an. Dieser Blick Mariannes war neu. Hier ging es nicht mehr nur um verbotene Lieder, sondern um aktiven Widerstand. Franz sah sich um. Konnte das denn sein? Sollte dieser Haufen, von denen die meisten noch nicht einmal erwachsen waren, zu einer Widerstandsgruppe gegen Hitler gehören?

„Hast du auch schon mal Flugblätter verteilt?" fragte Franz.

„Sicher", grinste Manni. „Und Marianne auch."

„Und?"

„Nichts und." Manni zuckte mit den Schultern. „War ein Kinderspiel."

Franz atmete tief durch. Er dachte an die verhafteten Nachbarn, von denen jeder sagte, daß man sie nur deswegen abgeholt hatte, weil sie öffentlich Hitlers Kriegspolitik kritisierten. Sollte eine eigene Meinung schon lebensgefährlich sein?

„Na gut." Er nickte langsam. „Irgendwer muß ja schließlich noch den Mund aufmachen."

„Ich hab's gewußt", lächelte Manni und zwinkerte Marianne zu. „Wir werden eine gute Mannschaft werden."

„Aber das mit dem Fliegeralarm ...“, sagte Franz nachdenklich.

„Ist reine Gewohnheitssache“, beschwichtigte ihn Manni. „Beim ersten Mal macht man sich noch in die Hose, aber dann wirst du merken, daß die Tommis die Stadt nicht flächendeckend bombardieren. Die Einschläge liegen weit verstreut, nur manchmal ...“

„Du meinst, man könnte auch mal Pech haben?“

„Ein gewisses Risiko ist immer dabei“, gab Manni zu. „Aber es ist nicht allzu groß.“

„Bisher ist noch niemandem etwas passiert“, beruhigte Marianne. „Aber das will natürlich nichts heißen.“

„Hmm“, meinte Franz und wog nachdenklich den Kopf.

„Du bist also dabei?“ wollte sich Manni noch einmal vergewissern.

„Ja“, antwortete Franz entschieden und bemerkte erst jetzt die verstohlenen Blicke, die ihm einige der anderen zuwarfen, mit denen er zuvor im Park gesessen hatte. Sie wußten also, worüber Manni sich mit ihm so intensiv unterhielt!

„Sag mal“, schaute er seinen Freund an, „solltest du mich zum Mitmachen überreden?“

„Nein“, erwiderte Manni. „Es war meine Idee. Und es war nicht die schlechteste, oder?“ grinste er.

Die Explosionen waren leiser geworden, die Flugzeuge schienen abzudrehen. Im Bunker horchte man und nickte sich bestätigend zu. Der Angriff war vorüber. Erleichterung wurde spürbar, während sich die ersten der Ausharrenden schon erhoben und ihre Sachen zusammensuchten. In Sekundenschnelle wich die abwartende Bedrücktheit lachenden Bemerkungen und forscher Betriebsamkeit, als würde man nach ausgiebigem Schlaf den Tag beginnen wollen. Sie drängten sich vor der stählernen Tür, die sie in die dunkle

Frische des späten Abends entlassen sollte, und ein vielfaches lautes Aufatmen war zu hören, als der Luftschutzwart sie öffnete.

Als Franz, Manni und die anderen aus dem Bunker heraustraten, zeigten ihnen mehrere flackernde Lichtscheine über den Häusern, wo Bomben eingeschlagen waren. Nur ein paar Häuserblocks vom Bunker entfernt war die Straße erhellt und ließ große Trümmerteile erkennen, die vorher noch nicht dort gelegen hatten.

„Da müssen wir hin!" rief einer der Jungen. „Vielleicht ist ja noch was zu machen!"

Fast die gesamte Front eines vierstöckigen Hauses war zerstört. Die Bombe war in die oberste Etage eingeschlagen und hatte dabei noch einen Teil des Daches weggerissen. Die vierte Etage brannte und beleuchtete den Trümmerhaufen am Boden, von dem noch dicke Staubwolken aufstiegen, zwischen denen immer wieder hustende Gestalten auftauchten, die Steine aus dem Weg räumten.

Franz und die anderen zögerten, als sie vor dem Haus eintrafen und schauten skeptisch zum Feuer hoch. Immer noch prasselten Steine und brennende Holzbalken herunter, und niemand vermochte zu sagen, wie lange sich die Mauern dem drohenden Einsturz noch widersetzen konnten. Das Feuer war nicht groß, aber es war offensichtlich, daß die übriggebliebenen Dachbalken und der hölzerne Fußboden des Stockwerkes seinen beharrlichen Angriffen bald erliegen würden. Den Flammen schien eine seltsame Gelassenheit eigen. Sie leckten nicht gierig nach neuer Nahrung, sondern umgriffen fast spielerisch den ungeschützten Leib des Hauses in der Gewißheit, daß ihnen ihr Opfer nicht mehr entkommen konnte.

„Hierher!" schrie plötzlich jemand aus den Staubwolken und winkte heftig mit den Armen. Vorsichtig stiegen die Jungen und Mädchen über die Trümmer und näherten sich den vier Männern, die ungeachtet der Einsturzgefahr Steine zur Seite warfen.

„Hier drunter muß der Eingang zum Keller sein", deutete der Mann auf die Trümmer. Sein Hemd war schweißdurchtränkt, er atmete heftig. Ein paar Meter abseits räumten drei andere Männer den Schutt weg, ohne aufzuschauen. Die Navajos verteilten sich und begannen, den Kellereingang des Hauses freizulegen. Manni ging zu einem der anderen Männer und bückte sich. Gemeinsam packten sie ein Mauerstück und wollten es gerade hochwuchten, als beide innehielten. Sie schauten einander an und richteten sich langsam auf. Der Mann war Josef, der in Manni sofort den Feind erkannte. Auch Manni wußte, wer da vor ihm stand und kniff die Augen zusammen. Ein paar Atemzüge lang blieben sie reglos voreinander stehen und fixierten ihr Gegenüber in stummer Feindschaft.

„Also los", sagte Manni schließlich mit rauher Stimme und deutete mit dem Kopf auf das Mauerstück. „Holen wir sie da raus."

Wortlos gruben sie in den Trümmern, immer darauf bedacht, daß das steinerne Durcheinander nicht in Bewegung geriet und nachrutschte. Nach einer Viertelstunde waren sie bis zu einer Stahltür vorgedrungen und gaben Klopfzeichen. Jemand antwortete ihnen mit lauten Rufen. Ein paar Minuten später ließ sich die Tür so weit öffnen, daß sich die Verschütteten hindurchzwängen konnten. Niemand war verletzt.

„Schnell!" trieb man sie an und half ihnen, über die Trümmer zu steigen. Zwei Kinder klammerten sich wimmernd an die Hände ihrer Mütter. Ein lautes Krachen über ihren Köpfen ließ sie alle zusammenzucken.

„Weg hier!" brüllte jemand. „Das Dach kommt runter!"

Franz blickte nach oben. Der Rest des Dachs neigte sich langsam nach vorne, verkohlte Holzbalken brachen, und wie ein Hagelschlag prasselten die Dachpfannen auf die Steinhaufen, nur wenige Meter neben den freigelegten Kellereingang. Hastig stolperten sie vorwärts, es konnte nur eine Frage von Sekunden sein, bis das Dach einstürzte.

Da packte Manni eines der Kinder und nahm es auf den Arm. Mehrmals verlor er das Gleichgewicht, schürfte sich Knie und Hände auf, schaffte es aber, das Kind in Sicherheit zu bringen.

Auch Josef reagierte schnell, griff sich das andere Kind und folgte Manni. Atemlos gelangten sie auf die andere Straßenseite und warteten, bis auch die übrigen aus den Trümmern gestiegen waren. Sie sahen einander wortlos an. Einen Moment lang waren sie der Überzeugung, daß der andere das einzig Richtige getan hatte. Ein ohrenbetäubendes Bersten fuhr ihnen in die Glieder. Das brennende Dach stürzte herab, riß einen Teil des hölzernen Fußbodens der obersten Etage mit sich und begrub den Kellereingang unter den auflodernden Flammen.

Still klopften sie sich den Staub aus der Kleidung. Josef schaute Manni noch einmal durchdringend an, wandte sich dann ab und ging. Manni blickte ihm nach. Für einen Augenblick drängte sich ihm der Gedanke auf, daß dieser junge Nazi ihn vielleicht verstehen könnte. Doch dann schüttelte er den Kopf.

„Nur nicht täuschen lassen“, murmelte er.

„Kennst du den?“ trat Franz neben ihn und folgte seinem Blick.

„Der Herr Rottenführer“, nickte Manni. „Übler Bursche. Durch und durch Nazi.“

„Er hat dem Kind das Leben gerettet“, sagte Franz.

„Klar“, wandte sich Manni dem Freund zu. „Ist ja auch ein deutsches Kind. Ein jüdisches hätte er wahrscheinlich verrecken lassen.“

VI

Wolfgang und Helga rührten sich nicht. Im dunklen Rechteck des Hauseingangs standen sie eng umschlungen, versteckt vor neugierigen Blicken, wie zwei Liebende, die immer wieder Gründe fanden, den Abschied noch ein wenig hinauszuzögern. Die nächtliche Straße lag in schwarzem Glanz, lautlos fiel ein leichter Nieselregen. Nur, wenn er sich an Fensterstürzen oder auf den runden Dachblechen der Straßenlaternen sammelte, um schließlich in regelmäßigen Abständen als dicke, schwerfällige Tropfen auf das Pflaster zu spritzen, verursachte er jenen einschläfernd monotonen Rhythmus des Herbstes, der den Kopf zwischen den Schultern und die Hände in tiefen Manteltaschen versinken läßt.

Helga fröstelte und schüttelte sich, ohne den Blick von der Straße zu wenden. Angestrengt lauerte sie in die Dunkelheit hinein, aber auf der Kreuzung, vielleicht dreißig oder vierzig Meter entfernt, blieb es ruhig.

Wolfgang streckte den Kopf ein wenig aus dem Hauseingang hervor und blickte in die andere Richtung. Nichts, keine Bewegung, keine Geräusche. Er nahm einen Arm von Helgas Schultern und steckte die Hand in seine Jackentasche. Als wollte er sich vergewissern, daß die Fahrradklingel nicht verlorengegangen war, betastete er das kalte Metall.

„Scheint zu klappen", raunte er. „Inzwischen müßten sie eigentlich drin sein."

Fast zweihundert Meter weiter hauchte sich Manni den warmen Atem in die Hände und drehte unruhig den Kopf nach beiden Richtungen. Auch er war in den Schatten eines Hauseingangs getaucht und versuchte mit zusammengekniffenen Augen die Nacht zu durchdringen. Neben den Eingangsstufen lehnte sein Fahrrad an der Wand. Unwillkürlich fiel sein Blick auf die Klingel, von der das Wasser abperlte. Er hatte sie am Nachmittag auseinandergeschraubt, sie gesäubert und alle Teile mit Nähmaschinenöl bestrichen. Selbst die rostigsilberne Glocke hatte er damit eingerieben, um jeglichen Defekt auszuschließen. Sie funktionierte hundertprozentig. Sie hatte auch schon vorher funktioniert, aber jetzt funktionierte sie eben noch besser.

Manni hatte sie ausgiebig getestet, in dieser Nacht durfte sie nicht versagen. Man mußte sie hören können, im Notfall auf fünfzig, sechzig Meter Entfernung. Am liebsten hätte er sie in diesem Moment noch einmal ausprobiert, nur, um sicherzugehen, aber damit hätte er das gesamte Unternehmen gefährdet. Einmal klingeln: ruhig in die andere Richtung verschwinden, an Wolfgang und Helga vorbei. Zweimal klingeln: in die entgegengesetzte Richtung gehen. Das Zeichen würde von Wolfgang kommen, wenn sich von dort unangenehme Überraschungen nähern sollten.

Plötzlich stutzte Manni. Da war ein Geräusch, ein rhythmisches, metallisches Schleifen, das aus der dunklen Straße auf ihn zu kam. Manni atmete aufgeregt durch den Mund und starrte blind in die Nacht. Jetzt wurden die Umrisse einer Gestalt erkennbar, die rasch näherkam. Ein Fahrradfahrer, dessen Pedale am Kettenschutz schleiften.

Gerhard! atmete Manni erleichtert auf und trat aus dem Schatten des Hauseingangs. Ohne seine Fahrt zu verlangsamen, steuerte Gerhard sein Fahrrad an Manni vorbei. Ein kurzer Seitenblick und ein kaum wahrnehmbares Nicken signalisierten ihm, daß er seinen Posten verlassen konnte.

Ruhig stieg Manni auf sein Fahrrad und fuhr in die Richtung, aus der Gerhard gekommen war. Er bog in eine Sackgasse und mußte wieder absteigen, da er kaum mehr als drei Schritte weit sehen konnte. Wenige Sekunden später stand er vor einem schweren, doppelflügeligen Garagentor und horchte. Hinter dem Tor war ein schwaches Flüstern zu hören. Vorsichtig gab er ein Klopfzeichen. Die eine Hälfte des Tores öffnete sich langsam. Klaus trat heraus, in den Händen ein mit Packpapier umwickeltes Paket, das er mit schnellen Bewegungen auf dem Gepäckträger von Mannis Fahrrad befestigte. Im Tor tauchte jetzt Paul auf und blickte Klaus fragend an.

„Du kannst schon gehen, Paul", flüsterte Klaus und klopfte ihm lächelnd auf die Schulter. „Hast du gut gemacht. Danke."

Paul nickte kurz, warf Manni noch einen Blick zu und ging. Klaus schaute ihm nach, bis er um die Ecke bog.

„Alles in Ordnung?" fragte Manni und schluckte.

„Keine Probleme", erwiderte Klaus. „Fahr jetzt und sag Helga und Wolfgang Bescheid. Soviel Papier wie hier liegt, können wir gar nicht transportieren. Die Matrizen nehme ich selbst."

„Bleibt es bei übermorgen?" fragte Manni und wandte sich schon zum Gehen.

„Bei den Jensens", nickte Klaus. „Bis dann."

Manni schob sein Rad aus der Sackgasse heraus und stieg dann auf. Langsam radelte er die Straße hinunter und wich den Unebenheiten aus, um keinen unnötigen Lärm zu verursachen. Aber keine Schraube übte Verrat, kein Blech schepperte. Selbst die sonst quietschenden Federn des Ledersattels waren unter der Fürsorge seines Ölpinsels verstummt. Er schaute zu den Hausnummern über den Eingängen. Das übernächste Haus mußte es sein, dachte er und ließ den Blick vorauseilen. Er zuckte ein wenig zusammen, als sich dort im Eingang etwas bewegte, erkannte dann aber Wolfgang und Helga, die auf die Straße traten. Ohne den Kopf zu wenden, nickte er und fuhr an ihnen vorbei.

Manni atmete tief durch, und jeder Häuserblock, den er hinter sich ließ, schien die Fesseln zu lockern, die ihm die ganze Zeit die Brust eingeschnürt hatten. Er lachte in sich hinein, der Einbruch in die Druckerei war gelungen. Er bog nach rechts ab und hob die Füße, als er durch eine Pfütze fuhr. Nach dem Erfolg fühlte er sich stark. Jetzt konnte nichts mehr passieren, da war er seiner sicher. Plötzlich erschienen an der nächsten Kreuzung zwei Gestalten. Manni trat auf die Bremse und wollte schon umkehren, aber er besann sich und behielt die Richtung bei. Nur die Ruhe bewahren, dachte er. Nur nicht durch unbedachtes Verhalten auffallen.

Die beiden Gestalten kamen auf ihn zu. Er fuhr langsam und bemühte sich, seine Bewegungen mit einer gewissen Langeweile auszustatten, obwohl ihm der Herzschlag in den Schläfen dröhnte. Zwei Männer, beide in der Uniform der SA, fixierten ihn jetzt. Manni hatte das Gefühl, sich im Visier von Scharfschützen zu befinden, jederzeit darauf gefaßt, daß ein paar gezielte Schüsse seiner Mission ein Ende bereiteten. Gleich würden sie ihn anhalten, er würde absteigen und Erklärungen liefern müssen. Sie würden fragen, was in dem Paket auf dem Gepäckträger sei. Er war nur noch ein paar Meter von ihnen entfernt.

Verfluchte Scheiße! dachte er. Er mußte sich zwingen, die Ruhe zu bewahren. Er erwiderte die Blicke der SA-Männer. Immer, wenn er einem SA-Mann in die Augen schaute, fragte er sich, wie sie das wohl machten: einen so anzusehen, daß man begann sich zu rechtfertigen, auch wenn man nicht gefragt worden war.

Jetzt hatte er die beiden Uniformierten erreicht. Der eine von ihnen wandte den Kopf. Oh Gott! durchzuckte es Manni. Jetzt halten sie mich an!

„N'Abend", nickten ihm die beiden zu.

„N'Abend", antwortete Manni wie ein Papagei und fuhr unbehelligt weiter. Er konnte es kaum fassen. War er es gewesen, der den Gruß der SA-Männer erwidert hatte? War das seine Stimme gewesen, die in ihrem beiläufigen Tonfall nichts von seiner Angst und seinem rasenden Herzschlag verraten hatte? Dabei war sein Kreislauf doch kurz davor gewesen, sich zu überschlagen und ihm das Hirn zu vernebeln!

Erst jetzt spürte Manni, daß er am ganzen Körper zitterte, aber er verbot es sich, anzuhalten und vom Fahrrad zu steigen. Ruhig weiterfahren! ermahnte er sich. Nur nicht umdrehen! Erst mußte er außer Sichtweite der SA-Männer gelangen. Er zählte die Häuserblocks und gewährte sich einen Sicherheitsabstand. Nach sechs Blocks hielt er schließlich an und stieg vom Rad. Schwer atmend lehnte er sich an die Hauswand und schloß die Augen.

„Das war nicht schlecht, Manni", flüsterte er zu sich selbst und wartete, bis er sich beruhigt hatte. „Und jetzt reiß dich zusammen!" gab er sich einen Ruck und schaute die Straße entlang. Nichts deutete auf weitere Gefahren hin. Er stieg wieder auf sein Rad. Der Fahrtwind drang durch seine Jacke. Manni zog fröstelnd die Schultern hoch und rieb sich die Brust. Sein Hemd war schweißnaß, obwohl er den ganzen Abend über versucht hatte, sich der klammen Kälte zu erwehren.

Wenig später erreichte er die Wohnung seiner Eltern. Leise trug er das Fahrrad in den Keller und versteckte das Paket unter einem Stapel alter Jutesäcke. Dann schlich er sich in die Wohnung und legte sich ins Bett. Noch lange starrte er in die Dunkelheit hinein und wartete darauf, daß sich der Puls in seinen Ohren beruhigte.

Frau Jensen, Helga und Toni räumten die Regale von den Einmachgläsern frei und stellten die Marmelade und das schwappende Obst in eine Ecke des Kellerraumes. Pflaumenmus türmte sich über Quittengelee, Erdbeerkonfitüre mit ganzen Stücken und Holunder-Apfel-Marmelade. Mirabellengelb wechselte mit dem Graugrün dicker Bohnen, darüber reihten sich Gläser mit leuchtenden Möhren oder blassem Spargel.

„Und jetzt noch die süßsaure Ecke“, sagte Frau Jensen, als fast alle Regale leergeräumt waren.

„Was für eine Ecke?“ verstand Toni nicht.

„Süßsaure Birnen, süßsaurer Kürbis, süßsaure Kirschen.“ Frau Jensen lud ihm die dickbäuchigen Einmachgläser auf den Arm.

„Hört sich gut an.“ Toni stellte die Gläser zu den anderen auf den Boden und betrachtete die halbierten Birnen. „Wie macht man so etwas?“

„Süßsaure Birnen?“ Frau Jensen folgte ihm mit weiteren Gläsern und stellte sie ab. „Birnen schälen, halbieren und entkernen. Dann in leichtes Essigwasser legen, damit sie ihre weiße Farbe behalten. Ein Liter Essiglösung mit einem Dreiviertel Kilo Zucker und den Gewürzen aufkochen und darin die Birnenstücke weich dämpfen. Danach kommen die Birnen in die Gläser. Der Essig wird zu dünnem Sirup gekocht und heiß über die Früchte gegeben. Glas zumachen, fertig.“

„Hört sich gut an“, wiederholte Toni und richtete sich auf. „Ich bekomme schon Appetit.“

„Erst die Arbeit“, lächelte Frau Jensen ihn an.

Sie verschoben die leeren Regale, so daß in der Mitte des Raumes Platz geschaffen wurde. Die Tür wurde aufgestoßen, und Klaus brachte einen kleinen Tisch, den er in die Mitte stellte. Hinter ihm betrat Johannes den Raum, einen schwarzglänzenden Abzugsapparat vor sich her tragend.

„Wohin damit?" fragte er.

„Auf den Tisch", antwortete Klaus.

Bis auf Frau Jensen verließen alle den Raum und kamen wenig später mit vollen Händen wieder zurück: Papierstapel, Farbe, Ausbesserungslack und Wachsmatrizen. Auch Jensen kam herein und legte ein halbes Dutzend Paar Glacéhandschuhe auf den Tisch.

„Damit wir unsere Finger nicht schmutzig machen?" lächelte Johannes und hielt ein Paar der Handschuhe prüfend vor die Augen.

„Und damit es keine Fingerabdrücke auf den Sachen gibt", nickte Jensen, nahm ein Tuch und wischte über den Abzugsapparat. „Wir sollten keine unnötigen Beweise hinterlassen."

Toni nahm die Wachsmatrizen und betrachtete sie. Bei einigen pustete er Schmutz von der Oberfläche und legte sie nebeneinander in eines der Regale.

„Helgas Matrizen sehen sehr gut aus", sagte er und wandte sich an Klaus. „Du solltest mal die Typen deiner Schreibmaschine reinigen. Auf deinen Matrizen kommen einige Buchstaben nicht so gut durch."

„Sehr wohl", erwiderte Klaus ironisch und deutete eine leichte Verbeugung an.

„Dann können wir ja anfangen", klatschte Jensen einmal in die Hände und machte sich am Abzugsapparat zu schaffen. Die Arbeit begann schweigend, und sie führten die Handgriffe mit eingespielter Routine aus. Frau Jensen verließ den Keller und blieb oben in der Wohnung, wobei sie immer wieder durch die Gardinen die Straße beobachtete. Es war früher Nachmittag, und die wenigen Menschen, die dort draußen durch den Regen eilten, interessierten sich nicht für das graue, unscheinbare Haus mit dem verwilderten Vorgarten.

Nach einiger Zeit kochte sie Kaffee und zögerte, als sie die fünf Tassen auf das Tablett stellte, aber dann schüttelte sie den Kopf. Sicher hatten die Nachbarn ohnehin bemerkt, daß sie Besuch hatten. Das viele schmutzige Geschirr würde also nicht verdächtig sein, falls später jemand unverhofft vorbeikäme und sie noch nicht abgespült hatte. Bevor sie in den Keller ging, schaltete sie den Volksempfänger ein. Wagner schepperte heraus. Wagner, immer wieder Wagner, seufzte sie, drehte das Radio aber ein wenig lauter. Dann trug sie das Tablett hinunter und klopfte an die Tür, hinter der das handbetriebene Vervielfältigungsgerät klapperte. Jensen öffnete seiner Frau, die das Tablett in einem der Regale abstellte. Es roch nach Druckerfarbe und Schweiß, Toni und Klaus wischten sich immer wieder mit dem Handrücken über die Stirn. Jensen nahm ein Taschentuch aus der Hosentasche und rieb sich den Nacken trocken.

„Kommt ihr mal ein paar Minuten ohne mich aus?" fragte er.

Die anderen nickten, ohne die Arbeit zu unterbrechen.

„Dann kann ich den Kaffee ja zusammen mit meinem Schatz trinken", lächelte er seine Frau an, nahm eine Tasse vom Tablett und wollte sich Kaffee eingießen.

„Laß nur", sagte Frau Jensen. „Ich schütte oben neuen auf."

„Bis gleich", winkte Jensen den anderen zu, drehte sich aber noch einmal um, bevor er den Raum verließ.

„Es wäre übrigens ganz gut, wenn gleich mal jemand hochkäme und sich den Nachbarn zeigt", sagte er. „Wäre doch komisch, wenn die von unserem Besuch gar nichts mitbekämen. Helga?"

„Ich komme gleich rauf", nickte Helga.

„Diese jungen Leute sind mutig", sagte Jensen, als er sich auf das Sofa in der Küche setzte und seinen Kaffee schlürfte.

„Wenigstens ein Hoffnungsschimmer", setzte sich seine Frau neben ihn und seufzte. „Aber ich frage mich immer wieder, ob es sich für ein paar Nadelstiche lohnt, das Leben zu riskieren."

„Das fragt sich jeder von uns", erwiderte Jensen. „Aber es werden immer mehr Nadelstiche. Wer weiß, wieviele Gruppen es in Deutschland noch gibt, die wie wir Flugblätter drucken oder auch Sabotage verüben. In Österreich gibt es welche, in Frankreich die Résistance ..."

„Du brauchst mich nicht davon zu überzeugen." Frau Jensen legte lächelnd ihre Hand auf den Arm ihres Mannes. „So einer wie Hitler muß verschwinden, oder wir Deutschen werden in die Geschichte als Barbaren eingehen."

„Wahrscheinlich sind wir es schon. Folter, die Judenverfolgung, Völkermord, totaler Krieg: da können wir froh sein, wenn man uns nachher überhaupt noch als Menschen bezeichnet."

„Ich hoffe so sehr, daß das alles bald zu Ende ist", sagte Frau Jensen.

„Ich fürchte, es wird noch eine Weile dauern", meinte Jensen. „Und deshalb denke ich, daß wir auch zu anderen Mitteln greifen müssen als nur zu Flugblättern."

„Das denken wir auch", trat Helga in die Küche. Jensen und seine Frau zuckten leicht zusammen, sie hatten Helga nicht die Treppe heraufkommen hören."

„Wer denkt was?" fragte Jensen.

„Klaus, Toni und ich", erwiderte Helga. „Die Flugblätter sind wichtig für unsere Informationsarbeit, aber sie stören Hitler nicht bei seinen Eroberungskriegen und verhindern nicht seine tausendfachen Morde."

„Aha." Jensen war verblüfft. „Und was schlagt ihr vor?"

„Sabotage", sagte Helga und ließ sich auf einen Stuhl sinken. Ihre Wangen waren gerötet vor Anstrengung. „Aber darüber müssen wir uns mal in Ruhe unterhalten."

Jensen schaute seine Frau an und nahm nachdenklich einen Schluck aus seiner Tasse.

„Du hast recht", nickte er langsam. „Laß uns später darüber reden. Und jetzt", wandte er sich wieder an seine Frau, „ist es Zeit für euch beide. Ihr solltet euch mal im Garten blicken lassen."

Frau Jensen schaute Helga fragend an. Mit einem leichten Seufzer erhob sich Helga.

„Also erzählen Sie mir etwas über Ihre Blumen und das Gemüse", sagte sie.

Durch das Wohnzimmer und eine Glastür gingen sie hinaus in den Garten hinter dem Haus, ein kleines, gepflegtes Grundstück, das von einem Jägerzaun und Brombeersträuchern umgeben war. Vor dem Jägerzaun standen kurzgeschnittene Rosenbüsche, und auch die kleine Terrasse war mit schmalen Blumenbeeten umpflanzt. Der Rest des Gartens war eingeteilt in mehrere Parzellen, auf denen verschiedene Kohlsorten und Kartoffeln wuchsen. Einige der Parzellen waren bereits abgeerntet und umgegraben. Aus der Erde ragte Stroh, und ein leichter Geruch von Kuhdung stieg Helga in die Nase. Die Äste eines Apfelbaumes beugten sich unter ihrer reifen Last. Frau Jensen pflückte einen Apfel und gab ihn Helga.

„Deutscher Boskop", erläuterte sie und fing an, sich über die Pflege des Gartens auszulassen. Obwohl der Gang durch den Garten nur dazu diente, den Nachbarn die Harmlosigkeit des Besuchs zu beweisen, stellte Helga interessierte Fragen, bückte sich, um die schrumpeligen Blätter des Grünkohls zu betasten, schnupperte an der Minze und ließ sich das Anhäufeln der Kartoffeln erklären. Sie zeigte sich freundlich und lächelte höflich, und niemand hätte hinter der hübschen, gut gekleideten jungen Frau eine kompromißlose Gegnerin des Nationalsozialismus vermutet. Im Gegenteil: ihre offensichtlich bürgerliche Herkunft und die teure Kleidung legten den Schluß nahe, daß sie unter den politischen Verhältnissen nicht zu leiden hatte. Wahrscheinlich verdienten sie und ihre Eltern sogar gut daran, hatten beste Beziehungen zu den Schaltstellen der Macht und waren überdies noch für einschlägige Karrieren vorgesehen. Und wie zufällig unterstrich Helga solche Vermutungen, indem sie mehrmals laut das Wort „Ministerium" in ihre Sätze einflocht. Eine halbe Stunde später waren sie und Frau Jensen überzeugt, über jeden Verdacht erhaben zu sein.

Am frühen Abend waren fast zweitausend Flugblätter gedruckt. Sie stellten die Regale an ihre alten Plätze und füllten sie wieder mit den Einmachgläsern. Der Boden wurde sorgfältig nach Papierresten abgesucht, Farbspritzer wurden abgewaschen. Der Vervielfältigungsapparat verschwand in einem anderen Kellerraum. Den größten Teil der Flugblätter steckten sie in mitgebrachte Aktentaschen. Den Rest trugen sie nach oben und legten ihn neben das Sofa in der Küche.

Frau Jensen zerteilte gerade einen Marmorkuchen.

„Manni und sein Freund kommen", kündigte Toni an, der vom Wohnzimmerfenster aus einen Blick auf die Straße geworfen hatte. Fast im gleichen Moment klingelte es an der Tür. Jensen ging, um zu öffnen.

„Ein bißchen Kuchen haben wir euch noch übrig gelassen", sagte er laut, nachdem er Manni und Franz begrüßt hatte. Erst als die Tür wieder geschlossen war, stellte Manni seinen Freund vor.

Franz überkam ein beklemmendes Gefühl, als er in der Küche jedem die Hand drückte. Jetzt war er also mittendrin, dachte er. Mitten im Widerstand, und wenn man sie jetzt schnappte, würde es heißen: mitgefangen – mitgehangen, und das im wahrsten Sinne des Wortes. Franz schluckte und setzte sich. Frau Jensen bot ihm ein Stück Kuchen an und begann wie beiläufig ein Gespräch mit ihm, während die anderen versuchten, sich von der Anspannung des Nachmittags zu erholen. Langsam verlor sich seine Nervosität. Frau Jensen gab ihm mit ihrer freundlichwarmen Stimme und der Selbstverständlichkeit des Gesprächs das Gefühl, dazuzugehören. Man vertraute ihm und übertrug ihm damit ein Stück Verantwortung für ihr aller Leben.

Es war schon dunkel, als sie aufbrachen. Manni stopfte ein Paket Flugblätter in seine Tasche und bedeutete Franz, das gleiche zu tun. Franz nahm einen Stapel vom Boden auf.

‚Wer Hitler will, will den Krieg!' stand in großen, handgemalten Buchstaben in der ersten Zeile. In Maschinenschrift folgte ein kurzer Text mit Informationen über die Verluste der Wehrmacht in den letzten zwei Wochen. Obwohl Franz den Text nur überflog, erkannte er, daß die Zahlen weit höher lagen als die Angaben, die die Wehrmacht selbst verbreitete.

„Stimmt das denn alles?" runzelte er die Stirn.

„Das haben wir vom englischen Sender abgehört", sagte Jensen. „Und weil da sicher auch noch ein bißchen Propaganda mitspielt, ziehen wir zwanzig Prozent ab. Aber wie du siehst, sind die Verluste immer noch sehr viel höher, als man uns weismachen will."

„Kaum zu glauben", schüttelte Franz den Kopf und steckte die Flugblätter in seine Tasche.

„Wir nehmen auch Mariannes Teil mit", sagte Manni, dessen Aktentasche sich kaum verschließen ließ. „Sie konnte heute nicht kommen. Irgend so ein Empfang ihrer Eltern ..."

„In Ordnung", nickte Jensen. „Und vergeßt die Brombeeren nicht."

Seine Frau kam schon herbei und gab Franz und Manni zwei kleine Eimer, die bis zum Rand mit Brombeeren gefüllt waren.

„Paßt auf, daß sie euch nicht vom Fahrrad kippen", mahnte sie. Dann verabschiedeten sich alle.

„Was ist damit?" deutete Klaus auf einen kleinen Rest von Flugblättern, die neben dem Sofa liegengeblieben waren.

„Gerhard kommt gleich noch vorbei und holt sie ab", erklärte Frau Jensen.

Vor dem Hauseingang spielten sie laute Fröhlichkeit. Kaffee und Kuchen hätten geschmeckt, ein Dankeschön für die wunderbaren Brombeeren und den schönen Nachmittag, man käme mal zwischendurch auf einen Sprung vorbei. Ein kurzes Winken noch, dann stiegen sie auf ihre Fahrräder, fuhren davon und hinterließen ein schweigendes, unscheinbares, graues Haus.

VII

Franz wollte gerade zu Bett gehen, als die Sirenen losheulten. Einen Augenblick lang starrte er zum Fenster und biß sich auf die Unterlippe. Er schwankte zwischen Angst und Erleichterung. Seit vier Tagen lagen die Flugblätter in der Aktentasche unter seinem Bett und bedeuteten unmittelbare Lebensgefahr. In dieser Nacht würde er sie endlich loswerden. Dort draußen aber warteten die Bomben, und er, ein winziger Punkt in der dunklen Stadt, würde zwischen ihnen Spießruten laufen müssen. Franz kroch unter das Bett und holte die Tasche hervor.

„Komm schon", drängte die Mutter. „Beeil dich."

„Ich komme nicht mit in den Keller", sagte Franz ruhig.

„Was hast du gesagt?" verstand die Mutter nicht. „Jetzt mach doch keine Sachen, Junge!"

„Ich kann nicht mitkommen", erwiderte Franz eindringlicher. „Ich habe Manni und den anderen versprochen, bei Fliegeralarm zum Bunker zu kommen, damit wir nach dem Angriff gemeinsam den Verschütteten helfen können."

„Das ist doch nicht möglich", sorgte sich die Mutter. „Immer dieser Manni. Was habt ihr da nur wieder für einen Unsinn ausgeheckt? Ach", winkte sie ab, „ich will gar nichts davon wissen. Wenn das nur gutgeht mit euch."

„Ich paß schon auf mich auf", versuchte Franz sie zu beruhigen. Er war nicht sicher, ob sie ihm glaubte, aber selbst wenn sie ahnte, was er vorhatte, konnte er ihr dennoch nicht die Wahrheit sagen. Falls man ihn schnappen würde, war es besser, daß sie nicht auch als Mitwisserin verhaftet werden konnte.

Gemeinsam gingen sie im dunklen Treppenhaus die zwei Etagen hinunter zur Kellertür, wo schon einige andere Hausbewohner warteten und sich noch ein paar Minuten ‚Auslauf' – wie sie es nannten – oder eine Zigarette gönnten, bevor sie sich für Stunden in die stickige Enge des Schutzkellers begaben. Ein Mann in einem knöchellangen, dunklen Mantel hielt einen brennenden Kerzenstummel in der Hand, dessen Flamme die Gesichter im zugigen Flur in Bewegung setzte. Zwischen den Fingern seiner anderen Hand klemmte eine Zigarette, deren Rauch er in kurzen Abständen inhalierte und als grauen Nebel über die Anwesenden blies. Niemand sprach ein Wort, und Franz drängte sich der Eindruck von Verurteilten auf, denen man vor dem Weg zum Schafott noch einige letzte Minuten der Besinnung gewährte.

Franz hielt seine Mutter am Arm zurück und blieb mit ihr auf der letzten Stufe der Treppe stehen, bis die Hausbewohner im Kellereingang verschwunden waren.

„Keine Sorge", umarmte er die Mutter. „Wir sehen uns spätestens morgen früh."

Die Mutter nickte stumm. Bevor das Dunkel des Kellers sie verschluckte, drehte sie sich noch einmal um und schaute ihren Sohn aus traurigen Augen an. Franz winkte ihr lächelnd zu und trat dann auf die Straße.

Als die Haustür hinter ihm zufiel, atmete er tief durch. Die Straße war menschenleer. Er schaute zum Himmel. Der zeigte sich sternenlos und unendlich tief, als ob er sich öffnen wollte, um alles in sich hineinzusaugen. Franz wartete. Er mußte sichergehen, daß ihn niemand beobachtete.

Die Sirenen verstummten allmählich. Ihr langer Atem verlor sich in einem langsam abschwellenden

Ton, der schließlich in einem knatternden Baß verebbte. Jetzt hörte Franz die ersten Bombeneinschläge. Seine Knie zitterten, und er kämpfte dagegen an, auf den Boden zu sinken und sich der anstürmenden Angst auszuliefern. Verdammt! keuchte er und stampfte mit den Füßen auf, als ob er damit das unkontrollierte Zittern loswerden könnte. Er schloß die Augen, und Bilder entstanden. Schützengräben mit zerschossenen Leichen, Konzentrationslager mit halbverhungerten Gestalten, Folterkeller, Militärparaden, die schreienden Gesichter von Hitler und Goebbels. Gegen diesen Wahnsinn mußte er es tun! Gegen diese Sinnlosigkeit! Dann atmete er noch einmal tief durch und lief los.

Er behielt ein gleichmäßiges Tempo bei, nicht zu schnell, damit die Beine nicht schon schwer wurden, bevor er das angrenzende Stadtviertel erreicht hatte. Er lief nahe an den Hauswänden entlang, um bei unangenehmen Überraschungen in einen Eingang springen zu können. Aber die Stadt hatte sich verkrochen und lag wie tot in der stockdunklen Nacht.

Franz blickte wieder in den Himmel. Das Brummen der Flugzeuge war lauter geworden, und auch die Detonationen kamen näher. Er lief den Bomben geradezu entgegen!

Er blieb stehen. Aufgeregt keuchend schaute er sich um, suchte dann wieder den Himmel ab. Aber da war nur dieses bedrohliche Brummen und die Einschläge, die wie die dröhnenden Schritte eines Riesen auf ihn zu kamen. Franz umklammerte die Aktentasche mit beiden Armen, als könnte sie ihm Schutz bieten gegen die fürchterliche Zerstörungskraft der Bomben. Kalter Schweiß stand ihm auf der Stirn; er spürte, wie sein Hemd auf der Haut klebte.

Ein Bunker! Ich muß in einen Bunker! schoß es ihm durch den Kopf. Zögernd setzte er sich wieder in Bewegung und suchte in der Dunkelheit nach Schildern, die auf einen Bunker hinwiesen. Dann aber hielt er abrupt inne und schüttelte heftig den Kopf. Nein! dachte er. Du machst weiter! Wer sonst sollte Hitler entgegentreten, wenn nicht Leute wie er? Nein, er mußte weitermachen, wollte nicht kneifen. Er würde nicht zu den ewigen Ja-Sagern gehören, nicht die Augen schließen, nicht schweigen. ‚Beim ersten Mal wirst du dir noch in die Hose machen', klangen ihm Mannis Worte in den Ohren. Er schaute an sich hinunter. Nicht mehr lange, und es ist soweit, dachte er.

Franz versuchte, sich Mut zu machen. Unwahrscheinlich, daß eine große Bombe so einen kleinen Punkt wie ihn traf. Und Marianne! Auch sie lief jetzt irgendwo durch die Stadt und verteilte Flugblätter. Wahrscheinlich hatte sie schon fast alle in Briefkästen gesteckt und in Hausflure gelegt und würde sich bald in Sicherheit bringen können, während er noch damit beschäftigt war, seine Nerven unter Kontrolle zu bekommen.

„Los jetzt!" raunte er sich zu und stampfte mit den Füßen auf. Langsam lief er wieder los und hatte nach wenigen Minuten das andere Stadtviertel erreicht. Er wollte gerade eine Kreuzung überqueren, als er zusammenzuckte. Wie erstarrt blieb er stehen und rührte sich nicht. Links von ihm, keine zwanzig Meter entfernt, stand eine Flak-Stellung. Langsam ging Franz in die Hocke und spähte in die Stellung hinein, aus der das Doppelgeschütz in den Himmel ragte. Man schien ihn nicht bemerkt zu haben, jedenfalls blieb es still. Niemand rief ihn an. Wahrscheinlich starrten sie den Bombern entgegen, mit der gleichen Angst in den Knien wie er.

Franz richtete sich wieder auf und schlich weiter. Er überquerte die Kreuzung und verschwand hinter einer Häuserecke. Hier begann sein Revier. Hastig öffnete er seine Tasche und fingerte einige Flugblätter heraus. Ein paar flatterten zu Boden, und er wollte sie schon aufheben. Aber er überlegte: auch auf den Gehsteigen erfüllten sie ihren Zweck.

Er stopfte die Flugblätter durch die Schlitze der Briefkästen, schob noch einige unter der Eingangstür hindurch und lief zum nächsten Haus. Während er rannte, ließ er einzelne Blätter auf den Boden fallen, die seinen Weg markierten. Vor der nächsten Kreuzung blieb er stehen und schaute erst vorsichtig um die Häuserecke, um sich zu vergewissern, daß in der Querstraße nicht eine weitere Flak postiert war. Aber es war nichts zu sehen. In einiger Entfernung reckten sich schlanke Lichtertürme in die Nacht. Schnellfeuerkanonen begleiteten die dumpfen Bombeneinschläge mit ohrenbetäubendem Dauerbeschuß. Im Himmel war Feuerwerk, doch die gleißenden Leuchtfeuer gaben die feindlichen Flugzeuge nicht preis.

Die Detonationen konzentrierten sich im Nordwesten der Stadt, mindestens zwei, drei Kilometer von Franz entfernt. Durch die Leuchtraketen konnte er jetzt die Straße und die Briefkästen besser erkennen. Wie ein flinker Postbote versorgte er Haus um Haus, und nach kurzer Zeit waren die Flugblätter verteilt. Einen Augenblick lang spielte er mit dem Gedanken, eines der Blätter zu behalten, verwarf dann aber die Idee. Das war viel zu riskant! Nur nicht anfangen, Andenken zu sammeln!

Er verschloß die Aktentasche und machte sich auf den Rückweg. Er fühlte sich leicht und sicher, und seine Angst hatte sich mit jedem Flugblatt, das in einem Briefkasten verschwand, ein wenig mehr verflüchtigt. Zwar war sie noch nicht vollständig verschwunden, aber sie würde mit Sicherheit keine Spuren in seiner Hose hinterlassen.

Plötzlich heulte es in der Luft über ihm. Unwillkürlich ging er in die Knie. Bomben! Die Angreifer hatten die Richtung gewechselt und kamen schnell näher. Instinktiv sprang Franz in einen Hauseingang und warf sich gegen die Tür. Sie gab nach, er stand im Treppenhaus. Mit fahrigen Bewegungen tastete er sich an der Wand entlang, während die Detonationen mit großen Sprüngen auf ihn zu gejagt kamen. Eine Türklinke schien ihm Rettung zu versprechen. Er drückte sie nieder, doch die Kellertür ließ sich nicht öffnen. Er rüttelte mehrmals an der Klinke und wollte schreien, aber seine Kehle war wie zugeschnürt. Wie rasend schlug er mit den Fäusten auf das dumpf klingende Holz.

Dies war kein Luftschutzkeller! Niemand würde sich selbst in einem Schutzkeller einschließen. Er sank auf den Boden und starrte zur Eingangstür. Die Explosionen waren ohrenbetäubend. Unregelmäßige Lichtblitze zuckten durch das schmale Stück Milchglas in die Mitte der Eingangstür.

Ich werde draufgehen! dachte Franz und keuchte. Schon bei der ersten Aktion! Das Haus wird mich unter seinen Trümmern begraben! Zerquetscht zwischen Mauerstücken und Dachbalken. Vielleicht noch nicht einmal sofort tot, sondern langsam krepierend unter tonnenschwerem Schutt.

Langsam erhob er sich und ging zur Tür. Er öffnete sie einen Spalt breit und schaute hinaus. Eine heftige Explosion warf ihn zurück und riß ihm die Tür aus der Hand. Das ganze Haus erzitterte. Er preßte sich gegen die Wand und schaute nach oben. Das war knapp! Er gab sich einen Ruck und schlüpfte nach draußen.

Dichter Rauch zog durch die Straße, auf der vereinzelte Trümmerstücke lagen. Die Luft bebte. Die Nacht flackerte, aber Franz vermochte noch nicht zu sagen, ob vom Widerschein brennender Häuser oder vom Leuchtfeuer der Luftabwehrstellungen. Er blieb im Hauseingang stehen und betrachtete mit weit aufgerissenen Augen den scharf umgrenzten Ausschnitt dieses Infernos. Die Detonationen entfernten sich, das Schlimmste schien überstanden. Ganz in der Nähe schleuderte eine Flak unablässig ihre Wut hinter den abdrehenden Bombern her, bis sie die Sinnlosigkeit einzusehen schien und verstummte. Einige Explosionen drangen noch dumpf herüber, dann war der Angriff vorbei.

Franz schob den Kopf aus dem Eingang und blickte die Straße hinunter. Vom übernächsten Haus war nur noch ein qualmender Trümmerberg übrig geblieben. Volltreffer! dachte Franz. Wenn es darunter im Keller noch Überlebende geben sollte, würde es Stunden dauern, bis man sie ausgegraben hätte.

Schräg gegenüber brannte das Dach. Eine Phosphorbombe war dort eingeschlagen und nagte sich geduldig durch das Gerippe des Hauses. Weiter entfernt gab es noch mehrere andere Brandherde, die die Straße erhellten.

Franz wandte den Kopf in die Richtung, aus der er gekommen war. Einzelne Häuser waren beschädigt, aber die Menschen würden dort zumindest in ihre Wohnungen zurückkehren können. Seine Aktion war also nicht umsonst gewesen.

Jetzt trat er auf die Straße und schaute zu den Dächern hoch. Er war ganz ruhig. Unter seinen Sohlen knirschten Glasscherben, während er sich dem zerstörten Haus näherte. Kein Stein stand dort mehr auf dem anderen, und auch das Nachbarhaus war schwer beschädigt und gewährte Einblick in verwüstete Wohnstuben. Das Flakkern vom gegenüberliegenden Dach verbreitete eine apokalyptische Stimmung über den Trümmern.

Franz mußte husten. Es kratzte im Hals, feiner Staub schmirgelte am Gaumen und knirschte zwischen den Zähnen. Er wedelte mit der Hand vor dem Gesicht und ging ein paar Schritte zurück. Einige Leute kamen herbeigerannt und blickten fassungslos auf die Trümmer. Ein junger Mann blieb neben ihm stehen und steckte die Hände in die Hosentaschen.

„Da ist wohl nichts mehr zu machen“, sagte er ungerührt und ohne Franz anzuschauen. „Das hält keine Kellerdecke aus.“

Er drehte sich um und schaute zu den Dächern hoch.

„Aber da muß jemand hin!“ Er nahm die Hände aus den Taschen und deutete nach oben, wo die Phosphorbombe eingeschlagen hatte. „Kommst du mit?“ wandte er sich an Franz.

„Sicher“, erwiderte Franz und lief dem jungen Mann hinterher. Die Eingangstür des Hauses war nur angelehnt. Ein paar alte Leute kamen gerade aus dem Keller, als sie das Treppenhaus betraten.

„Gibt's hier irgendwo Sand?“ rief der junge Mann ihnen entgegen.

„In der obersten Etage“, antwortete es ihm heiser.

In großen Sprüngen rannten sie die Treppen hinauf. In der vierten Etage stand eine große Holzkiste mit Sand, daneben zwei kleine Eimer. Franz stellte seine Tasche neben die Kiste, füllte einen der Eimer und folgte seinem Begleiter. Aber sie kamen nicht weit. Der Phosphor hatte sich bereits durch die Decke gefressen. Die Stufen zum Dachboden brannten. Mit einer weit ausholenden Bewegung kippte der junge Mann den Sand in die Flammen und lief gleich wieder zurück. Franz beobachtete das Feuer und verteilte den Sand aus seinem Eimer auf mehrere Stellen. Wenig später war der Weg zum Dachboden frei.

„Vorsicht“, warnte der junge Mann und duckte sich, bevor er die Tür aufstieß. Wie eine riesige Faust kam die Hitze auf sie zu geschossen und raubte ihnen für einen Moment den Atem. Immer wieder entleerten sie ihre Eimer und drangen so schrittweise auf den Dachboden vor. Beißender Rauch machte sie fast blind und brannte in den Lungen, aber es gelang ihnen, die Flammen unter einem immer breiter werdenden Sandteppich zu ersticken. Als sie erschöpft innehielten und sich durch die rußgeschwärzten Gesichter wischten, knisterten nur noch ein paar Dachbalken.

Schritte polterten die Treppe herauf. Zwei Männer, in jeder Hand einen Eimer mit Wasser, betraten den schwelenden Boden. Wortlos deutete der junge Mann auf die noch brennenden Balken.

„Damit kommen wir schon klar", nickte ihm einer der Männer zu. „Gut, daß Sie so schnell zur Stelle waren."

„Nicht der Rede wert", erwiderte der junge Mann und gab Franz ein Zeichen. Auf dem Weg nach unten griff Franz nach seiner Tasche.

„Das war eine gute Leistung!" Der junge Mann blickte ihn anerkennend an, als sie wieder auf die Straße traten. „Wie heißt du?"

„Franz."

„Ich heiße Ernst", lächelte der andere und schüttelte ihm die Hand. „Solch mutige Männer braucht unser Land."

„Ist doch Ehrensache", bemerkte Franz ein wenig irritiert.

„Wohnst du hier in der Gegend? Ich habe dich hier noch nie gesehen."

„Nein", schüttelte Franz den Kopf. „Ich habe bei einem Freund übernachtet und wollte nach dem Angriff gerade wieder nach Hause, um zu sehen, ob was passiert ist."

„Wollen wir nicht hoffen", lächelte der andere noch immer.

„Kameradschaftsführer!" schrie plötzlich jemand. Franz fuhr herum.

„Kameradschaftsführer!" Jemand kam auf sie zu gerannt und blieb außer Atem vor ihnen stehen.

„Hab' ich auf der Straße gefunden", keuchte er und gab dem jungen Mann einen zerknitterten Zettel.

Das Flugblatt! zuckte Franz wie elektrisiert zusammen.

„Ist doch nicht zu fassen", knurrte der Kameradschaftsführer, während er das Flugblatt las. „Das ist schon das dritte Mal, daß diese Nichtsnutze ihr Unwesen in unserem Viertel treiben. Die sollte man doch alle an die Wand stellen!" zerknüllte er das Papier und warf es mit einer heftigen Bewegung zu Boden. Er stemmte die Arme in die Hüften und betrachtete das zerbombte Haus.

„Aber eines muß man ihnen lassen", fuhr er nachdenklich fort. „Sie sind verdammt mutig. Bei einem Fliegerangriff so einfach durch die Straßen zu spazieren ..."

Franz räusperte sich, der junge Mann schaute ihn an.

„Ich muß jetzt gehen", sagte Franz.

„Ist in Ordnung", erwiderte der Kameradschaftsführer. „Hast deine Pflicht für heute ja schon erfüllt."

Mit raschen Schritten entfernte sich Franz. An der nächsten Kreuzung wandte er sich noch einmal um. Der Kameradschaftsführer blickte ihm nach und rieb sich das Kinn. Hatte er Verdacht geschöpft?

Franz preßte die Lippen aufeinander und ging weiter. Nie hätte er gedacht, soviel Geistesgegenwart zu besitzen. Bei einem Freund übernachtet. Gut, daß der nicht auch noch nach dem Namen dieses Freundes gefragt hatte. Er würde sich darin üben müssen, Geschichten zu erfinden. Kurz mußten sie sein und glaubwürdig, damit er sie sich gut merken konnte. Er lachte. Geschafft! dachte er. Diese Nacht war ein guter Anfang gewesen.

VIII

Diesen Arbeitsscheuen werden wir bald mächtig einheizen", sagte Schunkel entschieden. „Die werden uns nicht mehr lange auf der Nase herumtanzen."

Er ging zielstrebig und schnell, aber er hatte einen anderen Rhythmus als Josef. Der versuchte, im Gleichschritt mitzuhalten, kam jedoch immer wieder aus dem Tritt und gab es schließlich ganz auf. Auch wollten die Absätze seiner Stiefel nicht so auffallend hart und selbstsicher auf das Pflaster knallen. Das machte ihn zu einem ganz normalen HJler, dem die entgegenkommenden Fußgänger nicht auswichen, sondern von ihm erwarteten, daß er als junger Mann Rücksicht auf das Alter nahm.

„Aber was will denn dieser Köpke überhaupt von mir?" fragte er Schunkel.

„Du sollst dich ihm nur mal vorstellen", erwiderte Schunkel. „Und ihm dann alles erzählen, was du mir schon erzählt hast."

„Aber Sie haben ihm doch schon alles gesagt, oder?"

„Sicher hab' ich das", zuckte Schunkel die Schultern. „Aber er will es eben nochmal von dir hören, aus der Originalquelle sozusagen. Sei doch froh. Damit kannst du dir ein paar Lorbeeren verdienen."

Die Nachricht, daß Kommissar Köpke mit ihm sprechen wollte, hatte Josef verunsichert. Ohne Zweifel war da etwas Großes geplant, und er sollte der Informant sein. Dabei konnte er sich keine Fehler erlauben, da mußten die Worte gut plaziert und jede Angabe präzise sein.

Schunkel hatte Josef mit der Nachricht überrascht, als er dem Scharführer seinen routinemäßigen Wochenbericht abliefern wollte. Er hatte keine Zeit mehr gehabt, den Pappkarton von zu Hause zu holen, in dem sich die penible Detektivarbeit von achtzehn Monaten stapelte. Er würde sämtliche Daten aus dem Gedächtnis abrufen müssen: das Alter der Verdächtigen, ihre Teilnahme an verbotenen Treffen, wann und wo und wieviele. Eine einzige Verwechslung der Daten und sein Ruf als verläßlicher Informant würde spürbar leiser werden.

Das Gebäude der Kriminalpolizei war ein stumpfroter Backsteinklotz, dessen Fenster in der unteren Etage vergittert waren. Eine klare und exakte Architektur, gleichmäßige Reihen von doppelflügeligen Fenstern in gleichmäßigen Abständen. Funktional, repräsentativ und wie geschaffen für eine Bürokratie, deren oberstes Ziel die Aufrechterhaltung der öffentlichen Ordnung war. Über dem großzügigen Eingangsportal hing eine feuchtschwere Reichsflagge, die dem grauen Nachmittag vergeblich Würde und Feierlichkeit aufdrängen wollte. Bisweilen zeigten sich Menschen hinter den erleuchteten Fenstern. Die meisten richteten den Blick nach unten auf das, was sie in den Händen hielten: Papiere, in denen sie blätterten; Aktenordner, in denen sie Dokumente systematisierten; Kaffeetassen, die sie zum spitzen Mund führten und dann in einer Ecke abstellten. Ein nachdenklicher Blick auf die Straße vielleicht, ein stummer Seufzer, eine Hand, die die Haare nach hinten strich. Dann begaben sie sich wieder in ihre augenscheinliche Betriebsamkeit, löschten hier und da mal das Licht, um zu prüfen, ob das trübe Tageslicht nicht doch genügte, schalteten es wieder ein und setzten sich hinter ihren Schreibtisch.

Schunkel und Josef traten durch das Eingangsportal, dessen messingumrahmte Glastüren einen leichtgewichtigen Eindruck machten, sich aber nur mit einigem Kraftaufwand öffnen ließen. Hinter einer Glasscheibe erwarteten zwei Uniformierte wortlos, daß die Ankömmlinge sich auswiesen. Schunkel und Josef schoben ihre Papiere durch eine Öffnung über dem Tresen. Ein prüfender Blick des Beamten, suchendes Blättern, hochgezogene Augenbrauen, als er die Paßfotos mit ihren Gesichtern verglich.

„Wohin wollen Sie?" Er stellte die Frage scharf und kurz.

„Wir haben einen Termin bei Kommissar Köpke", antwortete Schunkel. Josef schluckte.

„Zweiter Stock, zweihundertzwölf", wies der Beamte ins Gebäude und gab die Ausweise zurück.

„Ich weiß, danke", sagte Schunkel. „Heil Hitler."

„Heil Hitler", grüßten die Uniformierten im Chor zurück, nahmen aber keine Haltung an, sondern wandten gelangweilt den Blick zur Straße.

„Brust raus, Mann", raunte Schunkel Josef zu, als sie die Treppen hochstiegen. „Wir wollen doch mal zeigen, daß die HJ mit so einem Laden wie dem hier allemal mithält."

Josef warf sich in die Brust und versuchte noch einmal den Gleichschritt. Auf der Treppe klappte es besser, und wie aus einem Guß marschierten sie in die zweite Etage. Schunkel horchte kurz an der Tür mit der Nummer zweihundertundzwölf, zog seine Uniformjacke glatt und klopfte dreimal.

„Herein!" klang es schneidend durch die Tür.

Schunkel knallte die Hand auf die Klinke und trat mit Schwung in das Zimmer.

„Heil Hitler!" schlugen er und Josef die Hacken zusammen. Wie Lanzen ragten ihre Arme in die Luft.

„Heil Hitler!" hob Kommissar Köpke kurz den Unterarm, ließ den Stift auf den Schreibtisch fallen und lehnte sich zurück.

„Setzen Sie sich." Er faltete die Hände über dem Bauch und lächelte die beiden Besucher freundlich an.

„Das ist Josef", sagte Schunkel, während sie die Stühle näher an den Schreibtisch rückten und sich setzten.

„Freut mich, dich kennenzulernen, junger Kamerad", sagte Köpke. „Rottenführer, nicht wahr?"

„Jawohl", nickte Josef.

„Wie ich höre, hast du dich schon reichlich um unser Vaterland verdient gemacht." Der Kommissar blickte ihn aus starren Augen an. „Illegale Zusammenkünfte aufgedeckt und ... sagen wir mal: konsequent durchgegriffen."

Josef warf Schunkel einen unsicheren Blick zu. Der stützte das Kinn auf die Hand und zeigte ein leichtes Grinsen.

„Gute Beobachtungsgabe und schnelles Handeln", fuhr Köpke fort. „Ausgezeichnet." Er beugte sich vor und stützte die Ellbogen auf den Schreibtisch. „Und nun erzähl' doch mal der Reihe nach. Wie mir der Kamerad Schunkel mitgeteilt hat, hast du gewisse Erkenntnisse über eine Gruppe, die der Bündischen Jugend angehören soll."

„Ja", druckste Josef herum und blickte hilfesuchend zu Schunkel, der ihm ermutigend zunickte. Josef räusperte sich und leckte sich über die trockenen Lippen.

„Vor etwa achtzehn Monaten sind sie mir zum ersten Mal aufgefallen", begann er. „Das war auf den Rheinwiesen. Sie saßen da und sangen verbotene Lieder, das hab' ich sofort gehört."

„Was für Lieder?" wollte Köpke wissen.

„Na, sowas wie ‚Wenn die Fahrtenmesser blitzen und die Hitlerjungen flitzen' und noch anderes."

„Und was hast du dann gemacht?"

„Ich war in Zivil und bin da stehengeblieben, um

mir die Gesichter anzusehen, wegen der Personenbeschreibung. Aber es waren zu viele. Erst nachdem ich einige von ihnen immer wieder mal gesehen habe, im Park oder so, konnte ich mir die Gesichter merken. Später habe ich dann angefangen, systematisch Fotos zu machen."

„Was?" fuhr Schunkel hoch. „Davon weiß ich ja gar nichts."

„Moment", hob Köpke die Hand, damit Schunkel schwieg. „Darauf kommen wir noch zurück. Kommen wir mal zu den Details", nahm er einen Stift und begann, sich Notizen zu machen.

Josef bewies, daß er Sinn für Systematik besaß. Ein paar Sätze hatten genügt, um ihm ein sicheres Gefühl für dieses Gespräch zu verschaffen. Sein Erinnerungsvermögen schien sich vor seinem inneren Auge in eine Liste verwandelt zu haben, von der er jeden Posten der Reihe nach streichen konnte. Orte von verbotenen Zusammenkünften, die ungefähre Zahl der Teilnehmer, besondere Auffälligkeiten, Daten, Namen: alles entlarvte er, als würde er es ablesen. Sein Gesicht war gerötet, er schwitzte. Schunkel saß daneben, den Oberkörper aufgerichtet, und schüttelte ungläubig den Kopf.

„Und nun zu den Fotos", sagte Kommissar Köpke schließlich, legte den Stift zur Seite und faltete die Hände. „Du hast einen eigenen Fotoapparat?"

„Jawohl", eiferte Josef. „Vor einem Jahr habe ich ihn mir gekauft."

„Und was sind das für Fotos, die du gemacht hast?"

„Ich habe die Bündischen fotografiert", sagte Josef. „Ich habe sie beschattet und fotografiert. Von einigen habe ich auch Namen, Adresse, bevorzugte Aufenthaltsorte ..."

„Das war sicher eine Menge Arbeit."

„Ja. Ich trage den Apparat meistens bei mir", lächelte Josef. Die Anerkennung gab ihm Selbstbewußtsein.

„Wärst du bereit, uns dein Material zur Verfügung zu stellen?"

„Selbstverständlich", sagte Josef mit fester Stimme. „Wenn ich damit meinem Vaterland dienen kann ..."

„Das kannst du", nickte Köpke langsam. „Und ich denke, daß du noch viel mehr dazu beitragen kannst, unser Deutschland von Verrätern und Arbeitsscheuen zu befreien."

Am nächsten Tag schon bedeckten die Fotografien Köpkes Schreibtisch. Der Kommissar räumte eines seiner Regale leer und füllte es wieder mit neubeschrifteten Aktenordnern. Sorgfältig klebte er die Fotos auf Papierbögen, legte Karteikarten an, ergänzte sie durch skizzenhafte Berichte und unterwarf alles seiner eigenen, in langen Jahren entwickelten Ordnung. Dann trat er einen Schritt zurück und betrachtete die beschriebenen Rücken der Akten. Schön, wie sie da standen, dachte er. So sauber und ordentlich und systematisch. Ein guter Anfang, dachte er. Damit würde er den Feinden des Reiches einen weiteren Schlag versetzen. Danach würde es keine Bündischen und keine Hetzlieder mehr geben. Dieses Regal würde der Anfang zu ihrer Vernichtung sein.

Obwohl der Rasen feucht war, hockten oder saßen sie auf dem Boden, die Jacken als Unterlage benutzend, gut fünfzig Jungen und Mädchen, die die Stille des Parks mit einer Melodie füllten. Marianne zog fröstelnd die Schultern hoch. Franz lächelte sie an, nahm sie in den Arm und zog sie an sich. Nach einer Weile spürte er ihre Wärme durch die Kleidung dringen und sog in einem langen Atemzug diesen unverwechselbaren Duft von Zimt in sich ein. Manni, der nur eine Armlänge entfernt saß, warf Franz einen anerkennenden Blick zu und hob den Daumen.

Etwas abseits standen Klaus und Toni an einen

Baum gelehnt und rauchten. Sie unterhielten sich leise miteinander und tasteten mit den Augen immer wieder die Umgebung ab. Es war ein ruhiger, fast langweilig wirkender Abend. Kaum ein Fußgänger zeigte sich im Park.

Plötzlich stutzten sie. Ein Junge kam herbeigerannt und blieb vor Klaus und Toni stehen. Völlig außer Atem stieß er kurze Sätze hervor und wies in die Richtung, aus der er gekommen war. Klaus und Toni nickten, warfen ihre Zigaretten fort und entfernten sich schnell. Dann wandte er sich den anderen zu, die nun auch aufmerksam geworden waren.

„Gestapo!" rief der Junge ihnen zu. „Und ein Überfallkommando der Polizei! Etwa fünfzehn Mann!"

Ein Raunen ging durch die Menge, aber niemand reagierte mit besonderer Aufregung. Drei Jungen erhoben sich und verschwanden in verschiedene Richtungen. Franz schaute Manni an.

„Immer die Ruhe bewahren", sagte Manni. „Die können uns gar nichts."

Jemand stimmte ein Lied an, ein Fahrtenlied, wie man es in der Schule und selbst in der HJ sang. Augenblicklich erschallte im Park der Gesang aus fast fünfzig Kehlen, ein laut spottender Empfang für die im Gleichschritt herannahenden Nazis.

Franz ergriff Mariannes Hand, als sie die Uniformierten sahen. Die Polizisten hatten Schlagstöcke in den Händen. Sie wurden von einigen Männern in langen, schwarzen Ledermänteln begleitet, die ihre Hüte tief ins Gesicht gezogen und die Hände in die Taschen gesteckt hatten: die Gestapo. Franz räusperte sich, um den Kloß in seinem Hals loszuwerden, der ihm das Singen erschwerte.

Jetzt schwärmten sie aus und umstellten die Singenden. Einer der Gestapo-Männer bahnte sich einen Weg zu den Gitarrenspielern. Er baute sich vor ihnen auf, stemmte die Fäuste in die Hüften und schaute in die Runde.

„Ruhe!“ brüllte er. Sein Gesicht war verzerrt, er lief rot an.

„Ruhe, verdammt!“ schrie er noch einmal, als man seinem Befehl nicht sofort folgte. Ein weiterer Gestapo-Mann trat hinzu.

Die Gitarrenspieler unterbrachen ihren Rhythmus, das Lied verebbte. Doch bevor weitere Befehle kommen konnten, hob einer der Gitarrenspieler noch einmal an und ließ die ersten Töne von ‚Ein Männlein steht im Walde‘ anklingen. Schallendes Gelächter folgte. Die Gestapo-Männer fuhren herum.

„Papiere!“ schnauzte einer von ihnen den Gitarrenspieler an und stierte ihm wutentbrannt in die Augen. Der Gitarrenspieler erwiderte seinen Blick und holte mit ruhigen Bewegungen seine Ausweispapiere aus der Jackentasche hervor. Der Gestapo-Mann riß ihm die Papiere aus der Hand und betrachtete sie. Dann gab er sie seinem Kollegen, der einen Notizblock zückte und die Angaben aus dem Ausweis übertrug.

„Das ist eine verbotene Versammlung!“ wandte sich der Gestapo-Mann an die Umsitzenden. „Das wird schwerwiegende Konsequenzen für euch alle haben!“

„Wieso verboten?“ stand ein Mädchen vor ihm auf. „Wir singen doch nur Lieder.“

„Diese Lieder sind verboten. Das wißt ihr genau“, musterte der Gestapo-Mann sie von oben bis unten.

„Na, hören Sie mal“, entgegnete das Mädchen entrüstet. „Was Sie gerade gehört haben, singt mein Bruder doch auch in der HJ.“

„Ihr wißt genau, wovon ich rede“, antwortete der Gestapo-Mann hart. „Ihr macht euch der Volksverhetzung schuldig!“

„Das muß ein Mißverständnis sein“, blieb das Mädchen selbstbewußt. „Vielleicht sollten wir Ihnen ja mal einige unserer Lieder vorsingen."

Unter den anderen hob ein Lachen an.

„Ruhe!" brüllte der Gestapo-Mann und drohte dem Mädchen mit dem Finger. „Ihr werdet jetzt ganz friedlich nach Hause gehen und euch hier nicht mehr blikken lassen. Beim nächsten Mal kommt ihr mir nicht mehr so glimpflich davon. Dann wandert ihr alle in den Karzer."

Brüsk gab er seinen Leuten ein Zeichen. Mit wutrotem Gesicht ging er voran und verließ den Park.

„Sie haben nicht damit gerechnet, daß wir so viele sind", sagte Manni zu Franz. „Da haben wir Glück gehabt. Aber wie sagt man so schön: das Glück ist mit den Gerechten", grinste er.

Wenige Tage später erhielt Franz eine Vorladung der Gestapo. Seine Mutter nahm den Brief vom Postboten entgegen.

„Franz", sagte sie leise, als sie ihn ihrem Sohn übergab. „Was ist passiert? Warum wollen sie dich verhören?"

„Ich weiß es nicht. Ich habe nichts Unrechtes getan."

Franz wunderte sich, wie gut es ihm gelang, seine Nervosität vor der Mutter zu verbergen. Aber was auch passierte, er durfte sie da nicht mit hineinziehen. Er ging in sein Zimmer und überlegte, was die Gestapo ihm wohl vorwerfen konnte? Daß er Flugblätter verteilte, dafür hatten sie keine Beweise. Das Treffen im Park? Nichts, wofür man ihn hätte belangen können. Und wenn sie ihn schlugen?

Franz wußte, daß die Gestapo bei ihren Verhören auch vor der Folter nicht zurückschreckte. Wie oft hatte er schon davon gehört, daß Verdächtige zusammengeschlagen wurden, damit sie Geständnisse – auch wenn sie erfunden waren – unterschrieben. Solche Geschichten machten ihm Angst. Erst kürzlich hatte ihm einer der Navajos von einem Besuch im Polizeipräsidium erzählt. Sein Onkel war verhaftet worden, und er war mit seiner Tante ins Präsidium gegangen, um eine Besuchserlaubnis zu bekommen. Als sie auf dem Flur warteten, wurde ein Mann an ihnen vorbeigeführt, das Gesicht zerschlagen, Hemd und Hose blutverschmiert. Die Tante stand da mit offenem Mund und flüsterte fassungslos einen Namen. Da erst hatte auch der Junge das Gesicht unter den Beulen und Platzwunden erkannt: ein Nachbar, den man einen Tag vor dem Onkel verhaftet hatte.

Franz biß sich auf die Unterlippe. Sicher gab es bestimmte Verhaltensregeln bei Verhören, dachte er. Klaus! schoß es ihm durch den Kopf. Ja, Klaus mußte ihm helfen. Der hatte das doch alles schon mitgemacht. Der wußte doch, wie man sich verhalten mußte, wenn die Gestapo einen in die Zange nahm.

Er traf ihn vor dem Schuhmann-Bunker, zusammen mit Toni und einigen anderen aus der Gruppe. Klaus las den Brief und nahm Franz zur Seite.

„Ich denke nicht, daß du etwas zu befürchten hast", sagte Klaus leise. „Wahrscheinlich hat man dich zusammen mit den anderen gesehen, und nun wollen sie dich ein bißchen ausquetschen. Aber wenn du dir zwei Dinge merkst, kann dir nichts passieren: streite jegliche politischen Verdächtigungen ab, und bleibe immer bei deiner ersten Aussage."

„Und das soll gutgehen?" zweifelte Franz.

„Bestimmt", klopfte ihm Klaus auf die Schulter und lächelte. „Ich kenn' mich da aus."

„Wieso eigentlich?" fragte Franz. „Hat man dich eingesperrt, nur weil du Kommunist bist?"

„Nicht so laut", ermahnte ihn Klaus und schaute sich nach allen Seiten um.

„Ist 'ne längere Geschichte", sagte er dann. „Man hat mich nicht nur wegen meiner politischen Überzeugungen verhaftet. Als der Krieg begann, habe ich einer Gruppe angehört, die Sabotageakte verübte. Nach Hitlers Überfall auf Polen waren wir alle der Überzeugung: das ist erst der Anfang. Wie man heute sieht, haben wir recht gehabt. Aber schon nach unserer zweiten Aktion wurde ich verhaftet. Und ich kann dir sagen, es war ganz schön beschissen bei der Gestapo. Sieh mal hier", zog er das Hemd aus der Hose und deutete auf zwei runde Narben unterhalb der Rippen. „Da haben sie Zigaretten auf meiner Haut ausgedrückt. Aber glücklicherweise hatten sie keine Beweise. Und gesagt habe ich denen nichts, kein Wort. Aber sie haben mich zum Schanzen an den Westwall geschickt. Zwangsarbeit." Klaus richtete den Blick nirgendwohin. „War das eine Scheiße", sagte er leise und atmete tief durch. „Aber dann", schaute er Franz wieder an, „bin ich abgehauen. Und nachdem sie mich nach vier Wochen bei einer Ausweiskontrolle wieder geschnappt hatten, kam ich ins Konzentrationslager."

„Und?" Franz war wie gefesselt.

„Nach sechs Monaten bin ich geflohen, zusammen mit Toni", deutete er mit dem Kopf zu seinem Freund. „Wir haben uns dort im KZ kennengelernt. Seit unserer Flucht leben wir in der Illegalität, im Untergrund."

„Und was ist, wenn man euch wieder verhaftet?" fragte Franz.

„Dann ...", sagte Klaus zögernd, „... droht uns entweder wieder das KZ oder ... der Galgen."

Die Gestapo-Zentrale war ein grauer, vierstöckiger Bau, der sich kaum von den Nachbarhäusern unterschied. Zwar war er doppelt so breit, doch fügte er sich unauffällig in die Architektur der anderen Fassaden ein. Die Vorhänge der Fenster in den beiden unteren Etagen waren zugezogen. Ein fremder Betrachter hätte vermuten können, daß hier vielleicht Schichtarbeiter wohnten, die ihren Schlaf vor dem Tageslicht schützten.

Das Gebäude war in der ganzen Stadt bekannt. Man nannte es nur das „KD-Haus", nach den Initialen seines Erbauers. Und alle, die das Haus je von innen gesehen hatten, berichteten mit leiser und manchmal zitternder Stimme, was sie dort erlebt hatten. Von feuchten Zellen im Keller erzählten sie, von gebrochenen Fingern und ausgeschlagenen Zähnen. Und wenn auch die meterdicken Wände der Keller die Menschen draußen vor den Schreien der Gefolterten bewahrten, so mußte doch jeder wissen, daß in diesem Gebäude der Schmerz zu Hause war.

Franz hatte ein flaues Gefühl im Magen, als er sich beim Pförtner meldete und die Vorladung zeigte. Er wurde in die dritte Etage geschickt. Zögernd ging er die Treppen hinauf. Er wußte, man konnte ihn hier tagelang festhalten, vielleicht sogar in ein Lager überstellen. Sollte er das Lamm sein, das freiwillig zur Schlachtbank geht?

Er drehte sich um und schaute die Treppe hinunter. Einfach wieder nach Hause gehen? Nein, das war keine Lösung! Wenn er zur Vorladung nicht erschien, erhärtete das nur den Verdacht gegen ihn.

Ein Flüstern erfüllte den Gang in der dritten Etage. Einige Zivilisten standen dort vor den Türen, unruhig von einem Fuß auf den anderen tretend. Ständig blickten sie ängstlich um sich, während sie miteinander sprachen. Selbst wenn sie, wie Franz, langsam den Flur hinuntergingen, um die Zimmernummer zu suchen, die ihnen der Pförtner genannt hatte, bemühten sie sich, die Schritte zu dämpfen und keine unnötigen Geräusche zu verursachen. Hier schien man fast den Atem anzuhalten in Erwartung einer plötzlichen Bedrohung, die jeden Augenblick hinter den stummen, weißlackierten Türen der Zimmer hervorspringen konnte.

Wenn eine der Türen geöffnet wurde, um jemanden auf den Gang zu entlassen oder aufzufordern, in das Zimmer zu treten, brach das Flüstern abrupt ab. Und nur zögerlich tasteten sich die Worte in die Stille vor, wenn die Tür wieder ins Schloß gefallen war.

Vor der Nummer achtunddreißig blieb Franz stehen und las die Namen auf dem Türschild: Funke und Mansfeld. Hier war er richtig. Gerade wollte er anklopfen, als die Tür des Nachbarzimmers aufgestoßen wurde und zwei Polizisten heraustraten. In ihrer Mitte führten sie einen Mann in Handschellen. Der Mann ging vornübergebeugt. Franz konnte erkennen, daß er aus der Nase blutete. Auch sein Hemd zeigte große, rote Flecken, die noch nicht eingetrocknet waren.

Franz blickte ihnen nach und betrachtete dann unentschlossen die Tür. Jetzt gab es kein Zurück mehr. Hart schlugen seine Knöchel auf das lackierte Holz. Ohne eine Aufforderung abzuwarten, trat er in das Zimmer.

„Guten Tag!“ bemühte sich Franz, seine Stimme fest klingen zu lassen.

Der Mann hinter dem Schreibtisch schaute auf und warf einen Blick auf seine Armbanduhr.

„Wenigstens pünktlich“, zog er die Augenbrauen hoch und verlieh damit seinem Gesicht einen arroganten Ausdruck. „Aber haben wir nicht etwas vergessen?“

„Etwas vergessen?“ Franz verstand nicht.

„Junger Mann“, setzte der andere ein unechtes Lächeln auf. „In deutschen Amtsstuben gilt der deutsche Gruß.“

„Oh, ja.“ Franz fühlte sich ertappt und räusperte sich verlegen.

„Laß nur und setz dich.“

Franz biß die Zähne zusammen. Ein schwerwiegender Fehler! dachte er. Er hätte daran denken müssen, gerade bei der Gestapo!

Sein Blick glitt über den Schreibtisch. Ein kleines Namensschild wies sein Gegenüber als Roland Funke aus. Rechts an der Wand stand ein weiterer Schreibtisch, der mit Akten, Fotos und Dokumenten überladen war.

„Wie ich sehe, bist du kein unbeschriebenes Blatt mehr", tippte Funke auf eine Akte, die aufgeschlagen vor ihm lag. „Unehrenhafter Ausschluß aus der HJ. Von Disziplin und vom Dienst am Vaterland hältst du wohl nicht viel, was?"

„Doch, aber ...", setzte Franz an.

„Nichts aber", unterbrach Funke sofort. „Jetzt erzähl' mir hier bloß nicht irgendwelche Märchen."

Die Verbindungstür zum Nachbarzimmer wurde geöffnet. Ein großer, kräftiger Blondschopf trat herein und setzte sich umgekehrt auf den Stuhl vor dem anderen Schreibtisch. Er kreuzte die Arme, legte sie auf die Lehne und grinste Franz hämisch an. Die Fingerknöchel seiner rechten Hand waren aufgescheuert. Auf dem Handrücken waren frische Blutspuren.

„Der Kamerad Mansfeld wird der Befragung beiwohnen", erklärte Funke. „Ansonsten ist er hier ... na, sagen wir mal: für die Klärung von Detailfragen zuständig." Funke lächelte hintersinnig.

„Aber kommen wir mal zur Hauptsache." Er wurde wieder ernst. „Daß du aus der HJ rausgeflogen bist, ist ja gar nicht so schlimm. Kann ich ja auch gut verstehen. In deinem Alter will man eben nicht immer strammstehen. Aber daß du dich den Bündischen angeschlossen hast, das nehmen wir dir übel."

„Wie bitte?" gab Franz sich unwissend.

„Du weißt sehr genau, wovon ich rede." Funke schien ihn mit seinem Blick zu durchbohren. „Von der verbotenen Bündischen Jugend."

„Ich weiß nichts von einer Bündischen Jugend", stritt Franz ab.

„Nie davon gehört?"

„Doch ..."

„Aha."

„... aber ich habe mit denen nichts zu tun."

„Und was ist mit den Leuten, mit denen du dich im Park und auf der Straße herumtreibst?" wurde Funke lauter.

„Na ja", zuckte Franz die Schultern. „Wir singen doch nur oder spielen Fußball. Das hat doch nichts mit der Bündischen Jugend zu tun."

Man beobachtete sie also, dachte er. Ohne Zweifel wurde auch er jetzt von der Gestapo als Bündischer in ihren Akten geführt. Er mußte sich ahnungslos stellen und versuchen, Zeit zu gewinnen.

„Ich will dir mal was sagen, Freundchen", drohte Funke mit dem Finger. „Die Lieder, die ihr singt, sind verboten. Das kann euch teuer zu stehen kommen."

„Das wußte ich nicht", schaute Franz scheinbar hilflos zu Mansfeld, doch der zeigte nur sein unbewegtes Grinsen.

„Erzähl' mir doch nicht so eine Scheiße!" fuhr Funke auf, besann sich aber sofort wieder. Er nahm einen Stift und ein Blatt Papier.

„Wer gehört zu eurer Gruppe?" fragte er. „Sag mir die Namen.

Das war keine schwierige Aufgabe. Franz war erleichtert. Bei den Navajos galt die Regel, einander möglichst nur mit Spitznamen anzureden. Nur unter engen Freunden durfte diese Regel gebrochen werden. Bei Verhören durch die Polizei oder die Gestapo konnte man so kaum Namen preisgeben. Um Funke und Mansfeld zufriedenzustellen, hängte Franz noch einige erfundene Spitznamen an die Liste.

„Ist das alles?" fragte Funke barsch.

„Mehr kann ich Ihnen nicht sagen“, gab Franz vor.

„Was ist mit diesen Flugblättern?“

„Was für Flugblätter?“

„Du willst mich wohl für dumm verkaufen!“ schrie Funke. Franz zuckte zusammen.

„Wir wissen sehr genau, daß eure Kreise damit zu tun haben!“ sprang Funke auf und lief rot an. „Volksverhetzung ist das! Verrat am Vaterland! Dafür geht ihr jahrelang in den Bau!“

„Aber ich weiß nichts von Flugblättern“, tat Franz unschuldig.

Funke ging wutentbrannt im Zimmer umher. Er konnte nichts Konkretes in der Hand haben. Sonst hätte er bestimmt schon zu anderen Methoden gegriffen. Die Wut des Gestapo-Mannes verriet eine gewisse Ratlosigkeit. Er hatte keine Beweise, dessen war Franz sich jetzt sicher.

„Wir werden dich schon zum Reden bringen“, knurrte Funke schließlich. „Warte draußen.“

Wortlos stand Franz auf und ging auf den Flur. Er stellte sich an eines der Fenster, die in den Innenhof mündeten und fast bis zur Decke reichten. Dort unten fuhren zwei schwarze Wagen vor, Gestapo-Männer in langen Ledermänteln sprangen heraus und zerrten zwei Männer in Handschellen hinter sich her. Er sah, wie sie die Gefangenen anbrüllten und ihnen in den Unterleib traten. Einer der Gefangenen sackte zusammen, wurde an den Haaren hochgerissen und mitgeschleift.

„Hallo“, klang eine freundliche Stimme hinter ihm.

Franz fuhr herum und brauchte einige Sekunden, bis er das Gesicht erkannte. Ernst, der Kameradschaftsführer, stand vor ihm.

„Hallo“, erwiderte Franz überrascht.

„Hans, nicht wahr?“ Ernst gab ihm die Hand.

„Nein, Franz.“

„Ja, sicher", Ernst schien sich jetzt zu erinnern. „Was tust du denn hier in der Zentrale?"

„Ich bin vorgeladen worden", erwiderte Franz. „Man wirft mir Volksverhetzung und solche Dinge vor."

„Und?" fragte Ernst. „Hast du tatsächlich was ausgefressen?"

„Nein", schüttelte Franz den Kopf. „Jedenfalls habe ich nicht gewußt, daß da Bündische unter den Leuten sind, mit denen ich im Park war."

Franz war vorsichtig und ließ sich von dem freundschaftlichen Ton des Kameradschaftsführers nicht beirren. Vielleicht hatte man ihn ja auf ihn angesetzt, um ihn auszuhorchen.

„So ist das also", nickte Ernst nachdenklich.

Die Tür zu Funkes und Mansfelds Zimmer wurde aufgestoßen. Funke stutzte, als er Ernst sah.

„Ihr kennt euch?" war er erstaunt.

„Moment mal", nickte Ernst Franz zu und ging zu Funke. Sie traten ein paar Schritte zur Seite und flüsterten miteinander, wobei sie Franz immer wieder abschätzende Blicke zuwarfen. Schließlich kam der Gestapo-Mann auf Franz zu.

„Da hast du nochmal Glück gehabt", sagte er ruhig. „Du kannst nach Hause gehen", wandte er sich um und verschwand in seinem Zimmer. Verwirrt schaute Franz den Kameradschaftsführer an.

„Also los", zwinkerte der ihm zu. „Und halte dich in Zukunft von diesen Leuten fern. Das könnte sonst ins Auge gehen."

Als Franz die Gestapo-Zentrale verließ, spürte er, daß seine Knie nachgeben wollten. Der Wind drang ihm unter die Jacke, er fröstelte. Jetzt erst stellte er fest, daß sein Hemd schweißnaß war.

Er riß sich zusammen und ging ein paar Straßen weit, bevor er sich an eine Häuserwand lehnte und tief durchatmete. Langsam ließ das leichte Zittern seiner Knie nach. Er hatte es überstanden.

Er brauchte einige Minuten, bis er sich wieder in der Gewalt hatte, aber dann fühlte er sich plötzlich stark. Das Verhör hatte ihn verändert. Er war ein anderer geworden. Er war nicht mehr wie die anderen gleichaltrigen Jungen, die Fußball oder Krieg spielten und dabei die lauten Zeichen überhörten, die das Land in die Abgründe der Barbarei führten. Was Hitler mit seinen Armeen jenseits der deutschen Grenzen anrichtete, ergänzten seine Gestapo-Handlanger im eigenen Land, am eigenen Volk, dachte Franz.

Er ging über die Straße, drehte sich noch einmal um und schaute in die Richtung, in der die Gestapo-Zentrale lag. Wieviele Menschen wurden dort zugrunde gerichtet, wieviele Überzeugungen vernichtet! Franz ballte die Fäuste und preßte die Lippen zusammen. Wenn es noch eine Hoffnung geben sollte, dann lag sie im Kampf gegen die Diktatur, davon war er überzeugt. Die Diktatur mußte spüren, daß sie nicht Richter über Denken und Glauben sein konnte. Sie sollte spüren, daß Folter und Demütigung nicht den Sinn für Gerechtigkeit und Menschentum auslöschen konnte.

Franz war jetzt entschlossen. Er stampfte mit dem Fuß auf, wandte sich um und ging mit festen Schritten davon. An diesem Nachmittag war er erwachsen geworden.

IX

Ostern 1942 verließ Franz die Schule. Er war der jüngste unter den Schülern des Jahrgangs, die das Abitur gemacht hatten. Schon Wochen vorher hatte er sich bei der Maschinenfabrik Köhler AG um eine Lehrstelle in der Personalverwaltung beworben, doch statt dessen bot man ihm an, Werkzeugmacher zu lernen. Franz willigte ein, als er erkannte, daß seine Chancen auf einen Arbeitsplatz deutlich eingeschränkt waren. Der Betriebsobmann, der Jugendleiter, der Gefolgschaftsführer der Werks-HJ, der Ausbildungsleiter: alle wußten sie um seine Vergangenheit. Alle waren sie über die Zusammenkünfte im Park und vor den Bunkern informiert.

Eigentlich gehöre er ja seit seinem Rausschmiß aus dem Jungvolk nicht mehr zur Volksgemeinschaft, erklärten sie ihm. Aber man wolle es noch einmal mit ihm versuchen.

Volksgemeinschaft, dachte Franz. War das Volk denn tatsächlich die geschlossene Gemeinschaft, die den Zielen Hitlers zum Sieg verhelfen wollte? Waren er und die Navajos in dieser Gemeinschaft nur ein paar letzte Unverbesserliche, die den Anschluß an die neuen Werte, an die reine Moral verpaßt hatten?

Wenn es so war, dann würde er diesem Volk nie angehören. Fremd würde er bleiben, ein Außenstehender, ein Gegner. Und er würde jede Möglichkeit nutzen zu beweisen, daß es noch Mutige gab, die der Unmenschlichkeit die Stirn boten.

Aus den Flugblättern, die sie verteilten, waren inzwischen ganze Zeitungen geworden. Nachrichten von der Front wechselten mit Karikaturen und politischen Kommentaren ab. Die Kommentare schrieben meistens das Ehepaar Jensen, Klaus oder Toni. Gerhard war für die Karikaturen verantwortlich. Vier bis acht Seiten auf hauchdünnem Papier, das sich dennoch zu einem beachtlichen Paket addierte, das beim Verteilen die Arme ermüdete.

Das nächtliche Austragen der Zeitung während des Fliegeralarms war Franz zur Routine geworden, obwohl die Heftigkeit des Bombardements zugenommen hatte. Aber sie alle waren davon überzeugt, daß das Glück, das sie bei ihren gefahrvollen Unternehmungen begleitete, ein Beweis für die Richtigkeit ihres Handelns war. Es schien, als wüßten die Alliierten genau, wo sie ihre Bomben abladen konnten und wo nicht.

Bis zum 31. Mai.

Franz stand mit Manni, Marianne und einigen anderen am Schuhmann-Bunker, als die Sirenen ihre durchdringenden Stimmen erhoben.

„Auf ein Neues!“ Manni blickte in den dunklen Abendhimmel und begab sich mit den anderen in den Bunker. Kaum war die Tür geschlossen, konnten sie bereits die ersten Einschläge wahrnehmen.

„Die haben es aber heute eilig“, meinte Franz, setzte sich auf den Boden und lehnte sich gegen die Wand. Manni und Marianne ließen sich neben ihm nieder.

Die Explosionen kamen in immer kürzer werdenden Abständen näher, und nach wenigen Minuten vermochte man kaum noch zwischen den einzelnen Einschlägen zu unterscheiden. Wie ein heftiger Platzregen schien sich der Bombenteppich über der Stadt auszubreiten. Eine tödliche Flut, die den Boden zu unterspülen schien und ins Wanken brachte.

„Ein ziemlich schwerer Angriff“, stellte Manni fest. „Wenn das mal gutgeht.“

Auch ohne daß er Namen nannte, wußte jeder der Freunde, wen er meinte. Klaus, Toni, Helga, Paul und noch einige andere waren jetzt dort draußen und verteilten die Zeitungen.

Einen solchen Bombenangriff hatte noch niemand von ihnen erlebt. Man mußte die Aktion abbrechen, dachte Franz, und alle hofften in diesem Augenblick, daß ihre Freunde noch rechtzeitig einen Bunker erreicht hatten.

Plötzlich begann das Licht zu flackern. Manni schaute zur Decke und biß sich auf die Lippe. Er war ein wenig von der Wand abgerückt, damit das Zittern in seinem Rücken aufhörte. Die nackten Glühbirnen schwankten. Jedes Gespräch, das ansonsten für Ablenkung und Beruhigung sorgte, war erstorben. Alle spürten sie, wie die Bomben in unmittelbarer Nähe einschlugen.

Der ganze Bunker erzitterte. Einen Moment lang schien das Licht noch unentschlossen, dann verlosch es. Ein paar unterdrückte Schreie durchbrachen das Dunkel. Marianne preßte sich an Franz. Ihr Gesicht war ganz nah, so daß er ihren Atem an seiner Wange spürte.

Die Detonationen waren ohrenbetäubend, obwohl meterdicker Beton sich den Druckwellen in den Weg stellte. Von der Decke rieselte es herab. Kinder fingen an zu weinen.

Da brach eine Explosion über sie herein. Alle schrien auf. Franz spürte eine harten Schlag in den Rücken.

„Scheiße!" zischte Manni. Seine Stimme zitterte.

Franz starrte ins Dunkel. Nein, kein Treffer, dachte er. Aber die Bombe mußte direkt neben dem Bunker niedergegangen sein. Fünfhundert oder tausend Kilo Sprengstoff, dessen tödliche Gewalt durch zwei, drei Meter Beton gejagt war und ihm nun in den Nieren schmerzte.

„Ich habe Angst“, flüsterte Marianne.

Franz drückte sie fest an sich. Sie atmete heftig, und er spürte ihren Herzschlag durch ihre Jacke. Er wandte ihr den Kopf ein wenig zu und gab ihr einen Kuß auf die Wange. Marianne drängte sich ihm entgegen. Plötzlich umarmte sie ihn und preßte ihre Lippen auf seinen Mund. Verlangend stieß ihre Zunge vor und fand eine Antwort. Sie saugten sich aneinander fest und vergaßen für ein paar Atemzüge das Tosen des Krieges um sie herum.

Wieder eine Explosion. Franz unterdrückte ein Stöhnen, als er erneut einen Schlag im Rücken verspürte. Der Bunker wankte.

„Scheiße, Scheiße, Scheiße!“ flüsterte Manni neben ihm. Sein Atem raste.

Franz tastete nach seinem Freund und ergriff seine Hand. Manni drückte sie dankbar und hielt sie fest. Jetzt waren es nicht mehr nur die Kinder, die wimmerten.

„Es kann nicht mehr lange dauern“, raunte Franz. Seine Kehle war rauh und eng.

Immer wieder zuckten die Menschen zusammen, hielten den Atem an und beteten wortlos, daß der Bunker sein schützendes Versprechen halten möge. Seine Mauern stemmten sich der anrennenden Gewalt entgegen, wichen zurück, wankten unsicher und krallten sich zitternd an ihre Fundamente. Ihr Stöhnen und Ächzen erfüllte die Dunkelheit und verlieh dem rohen Bauwerk ein eigenes Leben, das zu retten es alle Kräfte aufzubringen schien. Die über zweihundert Menschen in seinen Eingeweiden begannen, mit ihm zu sprechen, baten es, stark zu bleiben und erklärten seine Schmerzen zu ihren eigenen. Jede Wunde, die die Bomben in seine zähe Haut rissen, spiegelte sich in den angstverzerrten Gesichtern wider.

Ein Ungeheuer fraß sich dort draußen durch die Stadt, zermalmte Häuser und verwüstete Straßen. Unaufhaltsam spie es seinen Feueratem und vernichtete alles Leben, das sich nicht in die tiefsten Löcher, hinter die stärksten Mauern flüchten konnte. Brüllend, kreischend, heulend machte es sich über seine Opfer her und schlug seine eisernen Zähne in die Stadt.

Kaum einen Kilometer vom Bunker entfernt rannten Toni und Helga um ihr Leben. In diesem Inferno aus Rauch und Flammen hatten sie jegliche Orientierung verloren. Überall dröhnten die Explosionen, Bomben jagten ihnen hinterher, schnitten ihnen den Weg ab, überfielen sie von den Seiten. Es gab kein Entkommen.

Die Luft war Hitze. Der eigene Atem brannte in den Lungen. Toni und Helga faßten sich an den Händen und suchten in höchster Panik nach einem Ausweg. Aber da war kaum ein Fußbreit Boden, den die Flammen verschonten. Immer wieder zwangen die Druckwellen der Explosionen sie in die Knie, versperrten ihnen eingestürzte Häuser den Fluchtweg.

Sie gelangten auf eine breite Straße. Endlich! Nur wenige Bomben waren bisher hier eingeschlagen und hatten in unregelmäßigen Abständen Trümmerberge und ausgefranste Krater hinterlassen. Man konnte fast die gesamte Länge der Straße überblicken.

„Wir müssen zum Schuhmann-Bunker!" schrie Toni und deutete die Straße hinunter.

Helga nickte und wischte sich über das tränennasse Gesicht. Sie liefen los, doch da kamen die Bomben auf sie zu gerast. Sie erkannten ihre Richtung ganz deutlich. Als hätte man ihren Weg mit dem Lineal vorbestimmt, sprangen die Einschläge auf der Straße auf sie zu. Toni und Helga erstarrten. Kaum einen Atemzug lang dauerte es, bis die Bombenkette sie erreicht hatte. Sie warfen sich zur Seite, doch die Explosion holte sie ein. Helga spürte einen heftigen Schlag vor die Oberschenkel. Ihr Körper wirbelte durch die Luft, ihr wurde schwarz vor den Augen. Sie spürte kaum, wie sie auf dem Boden aufschlug und das Pflaster ihr die Haut abschmirgelte. An einer Mauer blieb sie liegen.

Helga hustete. Langsam lichtete sich der schwarze Schleier vor ihren Augen. Sie erkannte Tonis Beine und hob mühsam den Blick. Tonis Körper lehnte an der Mauer, von blutenden Wunden übersät. Steine und Mörtelstücke steckten in seiner Brust, die Arme hingen schlaff herab.

Helga stützte sich auf die Arme und stemmte sich ein wenig hoch.

„Toni", brachte sie mühsam hervor, doch dann stockte ihr der Atem.

Tonis Kopf! Tonis Kopf war nicht mehr da!

„Nein!" schrie Helga. „Toni!"

Sie würgte und mußte sich übergeben. Wieder war sie einer Ohnmacht nahe. Ihr Kopf sackte zu Boden, sie schluchzte. Erst jetzt bemerkte sie etwas Heißes an ihren Oberschenkeln.

Ich bin verletzt! durchzuckte es sie. Ich blute!

Sie wollte sich vorsichtig aufrichten, doch ihre Beine gehorchten ihr nicht. Sie drehte sich langsam auf den Rücken, um ihre Wunden zu untersuchen. Sie schaute an sich hinunter.

Helga schrie. Sie schrie, wie ein Mensch nur schreien kann, der den sicheren Tod vor Augen hat. Sie schrie und griff in zwei blutende Stümpfe, die aus ihrem Leib ragten, doch das Blut schoß zwischen ihren Fingern hervor und hinterließ eine immer größer werdende Lache. Sie schlug auf die Erde, schlug auf Toni ein, brüllte verzweifelt gegen den Krieg an, während mit jedem Herzschlag das Leben aus ihr wich.

Aber da war niemand, der sie hören konnte. Ihre Schreie erstickten im Getöse des Infernos. Sie war allein. Allein mit einem Toten, allein mit dem Tod. Niemand, der ihre Hand hielt, niemand, der ihr ein letztes Mal Mut zusprach.

Helgas Stimme erstarb, ihr Kopf sank zur Seite. Dann wurde es still über der Stadt.

Jemand öffnete die schwere Stahltür. Ein flackerndes Rechteck warf einen gelben Feuerschein über die Menschen im Bunker. Sie kniffen die Augen zusammen und drängten hinaus. Nach dem stundenlangen Warten in ihrem dunklen Gefängnis waren sie gierig darauf, durchatmen zu können und ihre Augen mit Bildern zu füttern. Aber der Anblick, der sich ihnen bot, trieb ihnen das Entsetzen ins Gesicht. Fassungslos blickten sie auf die Trümmerhügel und die hochlodernden Flammen, die ihre gleißenden Arme in den Nachthimmel streckten, als würden sie einen Sieg bejubeln.

Die bisherigen Luftangriffe der Alliierten mochten Tod und Zerstörung gebracht haben, doch nichts war vergleichbar mit der blinden Vernichtung, die diese Nacht erfahren hatte. War es eine Warnung an Hitler, seinen Terror endlich zu beenden? War es Vergeltung, Rache oder Haß? Oder war es Angst, die sich hier über der Stadt entladen hatte?

In diesem Moment wurde jeder schuldig gesprochen von denen, die diese Nacht überlebt hatten. Da wünschte sich jeder nur noch Frieden herbei, mit oder ohne Diktator. In diesem Moment war einzig die Tatsache von Bedeutung, daß man noch atmete. Eine Zukunft gab es nicht. Nur die Gegenwart zählte: diese Nacht, vielleicht auch der nächste Tag. Was danach kam, war jetzt unwichtig. Später, in einer Woche oder in einem Monat, mochte man wieder anders darüber denken. Aber nicht jetzt, nicht angesichts dieser Hölle.

Die Feuerwehr bahnte sich einen Weg durch die Trümmer. Wo man noch Chancen sah, löschten sie die Flammen und legten Kellereingänge frei.

Franz und die anderen sahen sich um. Hier brauchte man Hunderte von Händen, um Verschüttete zu bergen. Ein Feuerwehrmann rief ihnen zu.

„Hierher!" winkte er sie heran und deutete auf die Trümmer, die seine Leute aus den Schläuchen beregneten.

Ohne zu zögern sprangen sie auf den Steinschutt und begannen zu graben. Unter den präzisen Anweisungen des Feuerwehrhauptmannes gelang es ihnen, den verschütteten Kellereingang des Hauses in wenigen Minuten freizulegen.

Niemand hielt sich damit auf, den Dank der Befreiten entgegenzunehmen. Man begab sich schon zum nächsten Haus.

„Das sieht nicht gut aus", hörten sie die Stimme des Feuerwehrmannes. „Da hat der Bunker was abgekriegt."

Er schaute prüfend in die Trümmer und ging ein paar Schritte auf und ab. Dann kam er zurück und schüttelte den Kopf.

„Hat keinen Zweck", sagte er. „Kümmern wir uns erstmal um die, bei denen es noch Sinn hat."

Es wurde schon hell, als sie zu dem Haus zurückkehrten und damit begannen, einen Zugang zum Bunker freizulegen. Eine Stunde später hatten sie die Gewißheit, daß er getroffen worden war. Zwei der Feuerwehrleute stiegen durch die scharf gezahnte Öffnung ein, die die Bombe gerissen hatte. Stummes Warten.

Plötzlich hörte man ein Stöhnen. Eine blutüberströmte Gestalt erschien in der Öffnung. Die Helfer hoben sie heraus. Einer der Feuerwehrleute folgte ihr. In seinen Armen hielt er eine bewußtlose Frau. Als er sie durch die Öffnung hob, sah Franz, daß ihr die linke Hand fehlte.

Noch vier Verletzte konnten sie retten, halbtot und kaum fähig, aus eigener Kraft einen Schritt zu tun. Dann barg man die Leichen.

Franz mußte würgen, als sie herausgehoben wurden. Sie waren vollkommen verkohlt, manchen fehlten Arme oder Beine. Die zusammengeschrumpften, schwarzen Leiber verbreiteten einen süßlichen Geruch, der einem den Atem stocken ließ. Schweigend legte man die Toten auf die Pritsche eines Lastwagens. Manche der Umstehenden wandten sich ab oder hielten sich Tücher vor Mund und Nase.

Wie grauenhaft mußte es in diesem Bunker zugegangen sein, dachte Franz. Todesschreie, stundenlanges Stöhnen und Warten auf den Tod. Schmerzen, die den Opfern den Verstand raubten.

Was sie auf den Lastwagen luden, war nur ein stummer Rest der Qualen, die in dieser Nacht hundertfach, vielleicht tausendfach durchlitten worden waren. Es war nur ein erschütternder Anblick, angesichts dessen man jegliche Vorstellung von den Vorgängen in diesem Bunker verdrängen wollte. Ein Moment des Zweifels und der Verzweiflung war dies, der alles in Frage stellte.

Ein unbedingtes Bedürfnis, Schuldige zu benennen, stellte sich ein, doch der Schuldspruch verlief sich im Labyrinth von Ursache und Wirkung. Die Unmittelbarkeit des Geschehenen täuschte Eindeutigkeit vor, aber niemand ließ sich zu einem Urteil hinreißen.

Franz, Manni und Marianne gingen zum Schuhmann-Bunker zurück und setzten sich auf den Gehsteig. Manni nahm drei Zigaretten aus der Brusttasche seiner Jacke und bot sie den anderen an. Wortlos, die Augen auf den Boden gerichtet, zündeten sie sie an. Marianne inhalierte tief und unterdrückte ein Husten.

Plötzlich blieben zwei Männer vor ihnen stehen. Die drei Freunde hoben den Blick. Klaus und Paul schauten sie an, die Hände in den Hosentaschen, schmutzig und erschöpft. Paul trug einen Verband um den Kopf. Ihm wurde schwindelig, als er sich niederhockte.

„Was ist mit den anderen?" fragte Manni tonlos.

„Gerhard haben wir auf dem Weg hierher getroffen", antwortete Klaus. „Er ist nach Hause gegangen. Wir wollten uns alle hier am Bunker treffen. Helga und Toni hätten eigentlich schon längst hier sein müssen." Er schaute sich suchend um.

„Vielleicht sind sie ja geschnappt worden", sagte Marianne leise, und es klang mehr wie eine Hoffnung als eine Befürchtung.

„Ich fürchte, wir müssen mit dem Schlimmsten rechnen", sagte Paul.

Klaus stieß ihn leicht mit dem Ellbogen an.

„Es war der schwerste Bombenangriff seit Beginn des Krieges. Wir können froh sein, daß wir da einigermaßen heil herausgekommen sind", nickte er nachdenklich und richtete sich auf. „Geht jetzt nach Hause und schlaft euch aus. Eure Familien machen sich bestimmt schon Sorgen um euch."

Er klopfte Paul auf die Schulter und bedeutete ihm mitzukommen. Die anderen drei erhoben sich. Franz nahm Mariannes Hand.

„Paßt auf euch auf", boxte ihm Manni vor die Schulter und wandte sich zum Gehen.

Franz und Marianne schauten sich an. Ihre Haut verlangte nach der Berührung des anderen, doch das Grauen der vergangenen Nacht ließ es nicht zu. Sie verabschiedeten sich wortlos.

X

Fast die gesamte Altstadt war zerstört, und breite Schneisen, die von Nordwesten nach Südosten das Häusermeer durchzogen, schienen wie dicke Pinselstriche die Absicht der Alliierten zu beweisen, die Industriezentren des Reiches von der Landkarte tilgen zu wollen.

Die Stimmen von Hitler und Goebbels drangen aufstachelnd aus dem Volksempfänger und warfen dem Feind Grausamkeit gegen die Zivilbevölkerung vor. Von Unmenschlichkeit war da die Rede und von Mord am deutschen Volk, und als hätten sie ein Recht auf Vergeltung, meldeten sie triumphierend den weiteren Vormarsch des Heeres nach Osten.

In der Fabrik wurde Franz für den *Osteinsatz* eingeteilt. Nachdem ihn der Ausbildungsleiter in sein Büro gerufen hatte, wo er während seiner Befragung immer wieder in eine aufgeschlagene Akte schaute, die ohne Zweifel Franz' Vergangenheit offenbarte, schickte er ihn schließlich ‚zur Bewährung' in ein Nebengebäude. In der kleinen, zugigen Halle wurden Raupenschlepper und Ersatzteile für den Einsatz an der Ostfront montiert und verladen. Eine schwere Arbeit, wie geschaffen für Leute, deren Widerstand gegen den Nationalsozialismus immer noch nicht gebrochen schien.

„Hier arbeiten keine Deutschen", sagte der Ausbildungsleiter, als sie die Halle betraten. „Jedenfalls keine richtigen Deutschen. Höchstens solche wie du, denen man noch richtige Manieren beibringen muß."

Während Franz an den Maschinen eingewiesen wurde, betrachtete er immer wieder die ausgemergelten Gestalten, die stumm ihre Arbeit verrichteten und ihm dabei flüchtige Blicke zuwarfen. Russische Kriegsgefangene, deportierte Ukrainer und eben Leute wie er, denen man Verrat an Volk, Führer und Vaterland vorwarf, aber nicht beweisen konnte. Täglich zehn Stunden in der kleinen Halle sollten sie gefügig machen, damit man auch aus ihnen den *neuen Menschen* formen konnte, den der Führer so oft beschwor.

Schon am Mittag war Franz sicher, daß er diese Tortur nicht durchstehen würde. Seine Muskeln schmerzten, vor seinen Augen flimmerte es. Schweiß durchnäßte Hemd und Hose, und Franz war dankbar für jeden Windhauch, der die Halle durchzog. Er lehnte sich an eine der Maschinen und schloß die Augen.

„In ein paar Tagen hast du dich daran gewöhnt", sagte plötzlich eine junge Stimme neben ihm. Franz drehte sich um. Ein ölverschmiertes Gesicht grinste ihn an.

„Ich habe eine Woche gebraucht", fuhr die Stimme fort. „Danach konnte ich mich wieder einigermaßen normal bewegen. Ich heiße Christian." Der junge Mann gab ihm die Hand, und Franz erfuhr einen weiteren Grund für die Einteilung zum *Osteinsatz*.

Christian war seit drei Wochen beim *Osteinsatz*. Nachdem die Wohnung seiner Eltern bei einem Fliegerangriff zerbombt worden war, hatte es einige Tage gedauert, bis sie eine neue Unterkunft gefunden hatten. Christian war der Arbeit unerlaubt ferngeblieben, galt also *als arbeitsscheu*, und war deshalb für die harte Arbeit in dieser Halle eingeteilt worden.

Er half Franz, den Tag zu überstehen. Immer wieder nickte er ihm ermutigend zu, hob gemeinsam mit ihm Getriebe oder Achsen in die Transportkisten, redete unermüdlich auf ihn ein, sich nicht kleinkriegen zu lassen.

„Die warten nur darauf, daß du zusammenklappst", sagte er. „Aber den Gefallen wirst du ihnen nicht tun, oder?"

„Ich geb' mir Mühe", antwortete Franz müde.

Am Abend spürte er vor Erschöpfung kaum noch seine Glieder. Er schaffte es kaum, sich umzuziehen. Christian setzte sich neben ihn.

„Wir können noch froh sein, daß wir in die Betriebskantine dürfen", sagte er leise. „Bei den Ostarbeitern sieht das ganz anders aus. Die armen Schweine freuen sich über jedes Stück trockenes Brot, das wir ihnen geben."

„Wer gibt ihnen Brot?" schaute Franz ihn prüfend an.

„Die meisten von uns, die zum *Osteinsatz* eingeteilt wurden", erwiderte Christian. „Ein paar von den Russen sprechen deutsch. Wenn die von der Ostfront erzählen, wird einem einiges klar. Von wegen ruhmreiche deutsche Armee. Da läuft jede Menge Scheiße ab, sag' ich dir."

„Das solltest du lieber nicht zu laut sagen", meinte Franz.

„Erzähl' mir doch nichts", grinste Christian. „Du bist doch sicher nicht hier, weil du dich um dein Vaterland besonders verdient gemacht hast."

Franz blieb mißtrauisch. In jeder Fabrik gab es Spitzel. Jeder Kollege, jeder Lehrling konnte Freundschaft vortäuschen, die nur den Verrat zum Zweck hatte. Ein paar Tage später aber zerstreuten sich seine Bedenken, als ihn einer der russischen Gefangenen in der Frühstückspause ansprach.

„Weshalb läßt man dich mit uns russischen *Untermenschen* arbeiten?" fragte er. „Will man dich bestrafen?"

Franz schaute den Russen an. Sein Kopf war kahlgeschoren, was die Blässe seines Gesichts noch hervorhob. Die Augen lagen tief in den Höhlen und blickten ihn traurig an. Seine Wangen waren eingefallen und die Haut dünn wie Pergamentpapier. Er kaute auf einem Stück Brot herum, das er im Mund von einer Seite auf die andere schob, bis es so weich geworden war, daß er es kauen konnte.

„Ich glaube nicht an die Theorie vom Untermenschen", sagte Franz.

„Das ist gut", nickte der Russe nachdenklich. „Wir glauben auch nicht, daß die Deutschen Übermenschen sind."

Franz lächelte und schaute auf sein Schmalzbrot. Er brach die Hälfte ab und reichte sie dem Gefangenen.

„Danke", sagte der und erwiderte das Lächeln. Doch während er sich das Brot in den Mund schob, standen Tränen in seinen Augen.

„Ich hatte Probleme mit der HJ und der Gestapo", beantwortete Franz seine Frage. „Deshalb bin ich hier. Woher kommen Sie?"

„Aus einem kleinen Dorf, das es jetzt nicht mehr gibt", erwiderte der Russe mit rauher Stimme. „Ich war dort Lehrer, später Soldat. Bis die Deutschen kamen."

„Sie haben das Dorf eingenommen?"

„Ja", nickte der Russe traurig. „Ich geriet in Gefangenschaft. Ich glaube, von unseren Soldaten haben nur wenige überlebt. Nach ein paar Tagen haben die Deutschen alles in die Luft gesprengt und sind abgezogen. Mich brachten sie erst nach Berlin, danach hierher."

„Was ist mit den Dorfbewohnern passiert?" wollte Franz wissen.

„Im Vergleich zu anderen Dörfern haben die Bewohner fast noch Glück gehabt", sagte der Russe. „Jedenfalls wenn man es als Glück betrachtet, dem Tod entkommen zu sein. Die Frauen wurden vergewaltigt, aber man hat sie am Leben gelassen. Und jeden Tag wurden zehn Männer erschossen – damit die Deutschen alles unter Kontrolle halten konnten. In vielen anderen Dörfern hat es keine Überlebenden gegeben."

Franz schluckte. Er suchte nach Worten.

„Sie müssen die Deutschen hassen", sagte er schließlich.

„Ich hasse diejenigen, die die unmenschlichen Befehle geben und die, die sie ausführen", erwiderte der Russe. „Du bist auch ein Deutscher, aber warum sollte ich dich hassen? Du hast mir etwas zu essen gegeben. Oder Christian. Er hat Essen aus der Kantine gestohlen und es uns gegeben. Vielleicht seid ihr ja gar nicht so deutsch, wie Hitler es sich wünscht", brachte er ein Lächeln zustande.

„Hitler wünscht sich keine Deutschen", sagte Franz. „Er wünscht sich Marionetten."

„Er will den reinen Menschen, den Übermenschen."

„Sein Übermensch ist nichts anderes als ein blonder Fleischklotz", regte Franz sich auf. „Ein hirnloser Befehlsempfänger."

„Vorsicht", lachte der Russe. „Laß dich nicht erwischen mit solchen Reden."

Franz nutzte jede Gelegenheit, den russischen und ukrainischen Gefangenen etwas Eßbares zu besorgen. Zusammen mit Christian packte er Reste vom Kantinenessen in eine Tüte, füllte erkalteten Kaffee oder Kakao in Flaschen oder ließ eine Dose mit Zucker in seiner Tasche verschwinden. Einige andere Arbeiter stellten sich neugierigen Blicken in den Weg, wieder andere schauten einfach weg und duldeten das Vergehen. Die ausgehungerten Kriegsgefangenen und Deportierten waren Grund genug, ein schweigendes Votum gegen das bestehende Gesetz zu erheben.

Überhaupt schien sich in der Fabrik der Widerspruch kaum verstecken zu wollen. Sie standen in Ekken und flüsterten, auf den Klos machten sie Ärger und Zorn Luft, und in der Kantine wurde laut über die Beendigung des Krieges diskutiert. Sobald aber der Werkschutz auftauchte, waren alle wieder vorbildlich deutsch und erledigten ihre Arbeit mit verbissenem Unwillen. Die Angst vor dem Galgen war die Grenze, die ihre Worte nicht überschritten.

Das Gelände der Fabrik reichte bis an den Rhein, wo die Ersatzteile auf Schiffe verladen wurden. Die Raupenschlepper lud man dort auf Lastwagen, um sie an die verschiedenen Frontabschnitte zu transportieren. Erst kurz bevor die Kisten mit den Ersatzteilen von einem Kran auf die Schiffe gehievt wurden, wurden sie endgültig zugenagelt. Von außen kam niemand an die Laderampe heran. Ein hoher Zaun und mehrere Wachposten sorgten dafür, daß der Nachschub für die Front vor Saboteuren sicher war.

Franz brauchte einige Tage, um den günstigsten Zeitpunkt herauszufinden: abends, nach dem Ertönen des Sirenensignals, wenn alle sich vor der Stempeluhr drängten und ihre Aufmerksamkeit nur noch auf den Feierabend gerichtet war.

Im Schutz der Dunkelheit schlich Franz zur Kaimauer und hockte sich einen Augenblick lang zwischen die Kisten. Er schaute sich um und horchte. Dann hob er den Holzdeckel einer Kiste und betastete prüfend ihren Inhalt. Zündspulen, stellte er fest und holte einige hervor. Er lud sich beide Arme voll und huschte geduckt zum Wasser. Noch einmal schaute er zu allen Seiten und ließ dann die Zündspulen fallen. Er wartete einen Moment, um festzustellen, ob das Geräusch die Wachposten an den Zäunen mißtrauisch gemacht hatte. Aber alles blieb ruhig. Er beeilte sich, eine zweite Armladung voll Zündspulen zu versenken und rannte dann zum Fabriktor.

Vor der Stempeluhr standen nur noch wenige Arbeiter. Unter ihnen auch Christian, der sich unruhig umblickte. Franz bemühte sich, einen gleichgültigen Eindruck zu machen und schlenderte auf die Stempeluhr zu.

„Wo kommst du denn jetzt noch her?“ fuhr ihn plötzlich eine Stimme von der Seite an. Der Betriebsobmann kam auf ihn zu und blickte in die Richtung, aus der Franz gekommen war.

„Was hast du da gemacht?“ schnauzte er.

„Ich ...“, stammelte Franz. Das Herz schlug ihm bis zum Hals.

„Ich habe ihm seine Jacke versteckt“, trat Christian plötzlich hinzu. „Sollte ein kleiner Scherz sein.“

Der Betriebsobmann schaute von einem zum anderen und nickte unschlüssig.

„Das hier ist kein Spielplatz“, sagte er unwirsch. „Macht, daß ihr nach Hause kommt!“

Franz und Christian steckten ihre Karten in den Schlitz der Stempeluhr und verließen die Fabrik. Franz drehte sich noch einmal um.

„Danke“, raunte er erleichtert.

„Wenn du das nächste Mal deine Jacke suchst, helfe ich dir! In Ordnung?“ grinste Christian ihn an.

„Wir werden in Zukunft öfter unsere Jacken suchen müssen“, sagte Jensen und lächelte Franz zu.

In dem Kellerraum war es warm, die Wände schwitzten. Nicht alle Anwesenden hatten einen Stuhl. Sie standen mit verschränkten Armen um den Tisch herum und warteten darauf, daß einer der Sitzenden den Platz mit ihnen wechselte. Seit dem Tod von Helga und Toni war ihnen allen das Verteilen von Flugblättern und Zeitungen nicht mehr genug. Die Freunde hatten einen hohen Preis gezahlt, der mehr verlangte als nur die unzulängliche Macht des geschriebenen Wortes. Schaden wollten sie dem Feind zufügen. Schmerzen sollte er erleiden und empfindliche Verluste spüren. Da wurden Pläne erdacht und wieder verworfen, von Rache und Vergeltung war die Rede, und eine wütende Entschlossenheit unterstrich jeden Satz.

Jensen mahnte zur Besonnenheit. Sabotage verlangte einen kühlen Kopf und eine umsichtige Planung. Jede Unbedachtheit konnte das Leben kosten.

„Wir sollten uns alle über die Konsequenzen klar sein", sagte er. „Wenn einer von uns bei Sabotage erwischt und verhaftet wird ..."

„Wir stecken doch alle schon viel zu tief drin", fiel Klaus ihm ins Wort. „Jedes Gericht wird uns zum Tode verurteilen. Herr Jensen! Wir sind mitten im Krieg! Und wir stehen nicht auf der Seite der Nationalsozialisten!"

„Nun gut", sagte Jensen und atmete tief durch. „Ich habe zwei Vorschläge: die Versorgung von Kriegsgefangenen mit Lebensmitteln und die Störung des Nachschubs für die Wehrmacht."

„Wie sollten wir den Nachschub stören?" fragte Wolfgang.

„Indem wir Nachschubtransporte zum Entgleisen bringen", antwortete Jensen.

Die anderen schauten einander an.

„Das ist keine Kleinigkeit", meinte Paul.

„Es ist nur ein Vorschlag", sagte Jensen. „Wir können darüber abstimmen."

Jensens Vorschläge wurden angenommen. Zwei Gruppen wurden gebildet, die die Planung unabhängig voneinander übernehmen sollten. Jeder sollte über das Unternehmen der jeweils anderen Gruppe vorerst keine Informationen erhalten: keine Daten, keine Uhrzeiten, keine Ortsangaben.

Franz, Christian, Manni, Marianne und Johannes, der seine Flucht in die Schweiz immer wieder aufgeschoben hatte, bildeten die Gruppe, die Lebensmittel besorgen und zu den Gefangenen schmuggeln sollte. Von Paul ließen sie sich zeigen, wie man ein Schloß aufbrach, ohne allzu viel Lärm zu verursachen.

Klaus, Paul, Wolfgang und Gerhard planten zusammen mit den Jensens die Entgleisung des Nachschubzuges und trafen alle Vorbereitungen.

Klaus lächelte Paul an. „Hast wohl auch nie gedacht, daß dein Handwerk mal von so großer politischer Bedeutung sein würde, was?"

„Hör mir bloß mit Politik auf", winkte Paul ab, aber schon lange war ihm bewußt, daß sein Leben in der Illegalität nicht mehr nur eine Flucht vor dem Gefängnis war. Er bewunderte die Leute, die gegen die Mauern des Nationalsozialismus anrannten, und verstand mehr und mehr, daß es hier nicht nur um fixe Ideen ging. Hitler bedrohte die Freiheit und das Leben eines jeden Menschen, der nicht mindestens zweihundert Jahre zurück seine arische Abstammung nachweisen konnte. Und Paul wußte nicht einmal, wer sein Großvater gewesen war.

Schon wenige Tage später nutzten sie den Fliegeralarm für den Beginn ihres Unternehmens. Christian und Johannes hatten ein Lebensmittellager ganz in der Nähe eines Bunkers gefunden. Falls der Bombenangriff wieder genau so heftig werden sollte wie der letzte, würden sie den Bunker schnell erreicht haben. Aber sie schienen Glück zu haben. Auf einem kleinen Friedhof, nur einen Häuserblock vom Lager entfernt, warteten sie ab und starrten in den Junihimmel.

„Leichter Angriff", stellte Manni fest, als sie das Brummen der Flugzeuge wahrnahmen und im Osten der Stadt die Flakstellungen das Feuer eröffneten. „Also los!"

Sie schwangen sich auf ihre Fahrräder und fuhren die Straße hinunter. Marianne blieb an der Kreuzung zurück und tauchte in den Schatten eines Hauseingangs. Johannes fuhr den anderen voraus. Er würde die nächste Kreuzung überwachen und die Freunde vor Überraschungen bewahren.

Franz, Manni und Christian warteten, bis er angekommen war und stiegen dann von ihren Rädern.

Während sie auf das Gittertor des Lebensmittellagers zugingen, beobachteten sie die dunklen Fassaden der Häuserzeilen. Die Bewohner hatten sämtliche Fenster geöffnet, damit sie von den Druckwellen der Bombenexplosionen nicht zersplittert wurden. Aus einigen der wie blinde Augen erscheinenden Fensterhöhlen winkten ihnen Gardinen zu. Franz dachte an die Züge mit den Soldaten, die man an die Front brachte und die ein letztes Mal mit einem Taschentuch ihrer Frau, ihrer Mutter oder ihrer Freundin zuwinkten. Ein Abschied, von dem sie nicht wußten, ob er für Wochen, Monate oder für immer sein würde.

Sie lehnten ihre Fahrräder an die Hauswand und betrachteten das Tor, das ihnen den Weg zur Eingangstür des Lagers versperrte. Ein großes Vorhängeschloß sollte das erste Hindernis sein, das es zu überwinden galt.

„Na, dann wollen wir mal", rieb sich Manni die Hände und griff in seine Hosentasche. Er holte ein paar kurze, starke Drähte hervor und untersuchte das Schloß. Während er mit konzentrierter Miene begann, mit den Drähten darin herumzustochern, griff sich Christian eine Brechstange, die er an seinem Fahrrad befestigt hatte.

Plötzlich zwei Detonationen ganz in der Nähe. Die drei hielten den Atem an.

„Da hat sich einer verirrt", raunte Franz, als keine weiteren Explosionen folgten. Der Angriff der Alliierten schien sich auf den Osten der Stadt zu beschränken.

Fieberhaft arbeitete Manni weiter. Unter Pauls Anleitung hatte er bereits verschiedene Schlösser aufgebrochen, aber diesmal wollte es einfach nicht klappen. Franz und Christian traten unruhig von einem Fuß auf den anderen. Da hörten sie ein leises Klicken.

„Dieses war der erste Streich", erhob sich Manni und wischte sich den Schweiß von der Stirn. Sie schoben das Gitter auf und traten an die hölzerne Eingangstür des Lagers. Das einfache Türschloß hatte Manni im Handumdrehen mit einem Dietrich geöffnet. Als er sich an ein weiteres Vorhängeschloß heranmachte, tippte ihm Christian auf die Schulter.

„Laß mich mal", sagte er, setzte die Brechstange an und hebelte mit einigen kräftigen Bewegungen die Halterung des Schlosses aus der Türfassung. Der Weg ins Lager war frei.

Franz ging noch einmal zurück auf die Straße und spähte zu den Kreuzungen, an denen Marianne und Johannes den Einbruch absicherten. Aber dort bewegte sich nichts, kein warnendes Pfeifen klang herüber.

„Es kann losgehen", kehrte Franz zu den anderen zurück. Sie öffneten die Tür. Manni leuchtete mit einer Taschenlampe in den Raum.

„Viel ist das nicht", stellte Christian fest. Er mußte nahe an die gestapelten Pappkartons herangehen, um den Inhalt erkennen zu können.

„Wir nehmen nur die Konserven", sagte Manni und öffnete einige der Kartons. „Das frische Zeug verdirbt nur."

Die Wahl fiel ihnen nicht schwer. Außer Säcken mit Kartoffeln und Kohlköpfen und einigen Kisten mit Obst lagerten in dem Raum nur Bohnen- und Erbsenkonserven, ein paar Ringe Blutwurst und kleine Zuckersäcke. Jeder lud sich drei Kartons mit Konserven auf das Fahrrad und stopfte sich noch vier, fünf Blutwürste unter die Jacke. Dann fuhren sie in verschiedenen Richtungen davon.

Ein paar Kilometer entfernt erledigten auch Klaus, Paul, Wolfgang und Gerhard ihre Aufgabe. Unweit des Ausbesserungswerks der Reichsbahn lagen sie an der Böschung des Bahndamms, bis die Bombenexplosionen und das Flakfeuer die Nacht erzittern ließen. Geduckt liefen sie zu den Schuppen, die neben den Gleisen lagen. Wolfgang und Gerhard postierten sich zwischen den niedrigen Holzbauten und gingen leise auf und ab, um die unübersichtliche Gegend im Auge zu behalten. Direkt hinter den Schuppen versperrte undurchdringliches Buschwerk den Blick. Auf den Gleisen standen Güterwaggons. Eine lange, dunkle Mauer, die ungezählte Verstecke für Bahnpolizisten bieten konnte, die trotz des Fliegeralarms ihre Pflicht erfüllten.

Mit ein paar Handgriffen hatte Paul das Türschloß geöffnet. Er und Klaus blinzelten in die Dunkelheit und schlossen die Tür hinter sich. Klaus leuchtete mit einer Taschenlampe.

„Da!“ Er zeigte auf die Hemmschuhe, die auf einer Holzpalette lagen. Jeder wuchtete sich einen davon auf die Schulter, dann schlüpften sie wieder nach draußen.

„Das ging ja wie geschmiert“, kam Wolfgang zu ihnen.

„Laßt uns verschwinden“, zischte Gerhard ihnen zu.

Vorsichtig machten sie sich auf den Rückweg. Gerhard ging voraus. Doch wie aus dem Nichts stand plötzlich eine Gestalt vor ihm.

„Halt!“ forderte sie die vier auf. Gerhard stockte der Atem. Er blieb wie angewurzelt stehen. Paul und Klaus ließen die Hemmschuhe auf den Boden fallen.

„Was macht ihr hier?“ herrschte der Schatten sie an. „Was habt ihr hier zu suchen?“

Im herüberflackernden Angriffsfeuer der Alliierten erkannten sie nun einen älteren Mann in der Uniform der Bahnpolizei. Die Pistole in seiner rechten Hand war auf Gerhard gerichtet.

„Wir holen Ersatzteile für die Flak“, kam Paul nach vorne und wischte sich über die Stirn.

„Was soll das?“ erwiderte der Polizist. „Sie tragen keine Uniform ...“

Weiter kam er nicht. Die Ablenkung hatte genügt, um seine Aufmerksamkeit für einen Augenblick auf Paul zu richten, der ihm mit einer schnellen Bewegung die Pistole aus der Hand schlug und ihm die Faust vor die Schläfe rammte. Mit einem Aufstöhnen sank der Mann zu Boden. Hastig nahmen Klaus und Paul die Hemmschuhe wieder auf.

„Weg hier!" raunte Paul.

Gerhard stand starr und blickte auf den zu Boden geschlagenen Polizisten. Sein Atem rasselte, als wäre er kilometerweit gerannt.

„Komm schon!" forderte Wolfgang ihn auf und zog ihn am Arm. Der Bahnpolizist grunzte und wälzte sich auf die Seite. Sie rannten, so gut dies in der Dunkelheit möglich war, die Böschung entlang.

„Halt!" hörten sie einen schwachen Ruf hinter sich. „Ich schieße!"

„Schneller!" trieb Wolfgang die anderen an. Klaus und Paul keuchten unter der Last der Hemmschuhe.

Ein Schuß bellte hinter ihnen auf, der im Vergleich zu den vernichtenden Bombeneinschlägen fast albern klang. Die Kugel prallte vom Schotter des Bahndamms ab. Steinsplitter stoben auf. Gerhard griff sich ins Gesicht, stolperte und fiel. Wolfgang sprang auf ihn zu und zog ihn wieder hoch.

„Mein Gesicht!" rief Gerhard.

„Alles in Ordnung", sagte Wolfgang außer Atem. „Los jetzt!"

Gerhard setzte sich wieder in Bewegung. Zwei weitere Schüsse jagten über ihre Köpfe hinweg und trieben sie vorwärts. Ihre Lungen brannten. Sie verließen den Bahndamm, überwanden einen Zaun und erreichten die Straße. Wolfgang drehte sich um, stellte aber fest, daß sie nicht verfolgt wurden. In einer Toreinfahrt blieben sie schließlich stehen. Der Schweiß rann ihnen übers Gesicht. Gerhard blickte Paul an.

„Das war der reine Wahnsinn", schnappte er nach Luft. „Wie kannst du den angreifen, wenn er eine Pistole auf mich gerichtet hat! Wenn sich ein Schuß gelöst hätte, wäre ich jetzt vielleicht tot!"

„Hätten wir uns lieber alle verhaften lassen sollen?" ächzte Paul. „Was hättest du denen denn erzählt? Daß wir Hemmschuhe für unsere Modelleisenbahn klauen? Die hätten uns doch sofort an die Wand gestellt!"

„Hör mal zu ...", wurde Gerhard wütend.

„Gerhard!" packte Klaus seinen Arm. „Paul hat recht. Sie hätten uns sofort wegen Sabotage angeklagt."

Gerhard starrte ihn an. Seine Lippen zitterten.

„Aber ist ja nochmal gutgegangen." Klaus boxte Gerhard leicht vor die Schulter und lächelte.

Der atmete tief durch, schloß die Augen für einen Moment und nickte.

„Ich habe furchtbare Angst gehabt", sagte er.

„Wir hatten alle Angst", erwiderte Klaus ruhig. „Aber so etwas darf uns nicht noch einmal passieren. Wir müssen uns verteidigen können, wenn wir überrascht werden", blickte er von einem zum anderen. „Wir sollten uns Waffen besorgen."

Paul nickte stumm. Die anderen schauten nachdenklich zu Boden.

„Ich werde mich darum kümmern", sagte Klaus.

„Wohin soll das noch führen?" sagte Gerhard leise.

„Wohin wird Hitler uns führen?" fragte Klaus.

Das Bombardement der Flugzeuge hatte nachgelassen, das Brummen in der Luft wurde leiser. Feuerscheine am Himmel zeigten an, wo die Bomben eingeschlagen hatten. Sie mußten sich beeilen und die Hemmschuhe verstecken, denn schon bald würde die Feuerwehr anrücken und die ersten Leute aus den Schutzbunkern kommen.

Noch bevor die Sirenen Entwarnung gaben, erreichten sie das Haus der Jensens. Während Wolfgang und

Gerhard ihren Weg fortsetzten, traten Klaus und Paul durch das Gartentor und liefen am Haus entlang. Die Eingangstür war nur angelehnt. Sie schlüpften ins Haus und stiegen sofort in den Keller hinab. Jensen und seine Frau kamen ihnen entgegen, jeder eine brennende Kerze in der Hand.

Wortlos wiesen sie ihnen den Weg zu einem kleinen Kellerraum. Klaus und Paul legten die Hemmschuhe ab und rückten einen Schrank zur Seite. Am Boden kam eine Holzplatte zum Vorschein. Sie hoben sie an und lehnten sie gegen die Wand. Jensen hielt die Kerze über das rechteckige Loch. Es war etwa einen Meter tief und fast ebenso lang.

Klaus stieg hinein und rückte die Vervielfältigungsmaschine zur Seite. Dann verstaute er die Hemmschuhe, die Paul ihm reichte. Stumm richteten sie alles wieder so her, wie sie es vorgefunden hatten, nickten den Jensens noch einmal zu und verließen das Haus.

XI

Der Nebel widerstand hartnäckig dem anbrechenden Tag. Er glitt den Polizisten über die Schultern und schien die Uniformierten in trüber Umarmung zu verschlucken. Es war kühl. Kommissar Köpke hatte den Kragen seines Mantels hochgeschlagen und hauchte sich in die Hände. Er schaute zu den Güterwaggons hinüber, die geduldig darauf warteten, daß man sie hinter eine Lok hängte, um irgendeine Fracht irgendwohin zu bringen. Er wandte den Kopf und betrachtete den Schuppen, der etwas abseits des Reichsausbesserungswerkes stand und vor dem ein halbes Dutzend Polizisten damit beschäftigt war, Spuren zu sichern, Notizen zu machen und mehreren Beamten des Werkes immer wieder die gleichen Fragen zu stellen.

Köpke folgte dem Schienenstrang und entfernte sich ein wenig vom Schuppen. Beim Gehen setzte er die Füße stets auf die hölzernen Schwellen, so daß er gezwungen war, seinen Schritt zu verkürzen. Schließlich verließ er die Schienen und ging den schmalen Pfad entlang, der die Gleise an der Seite begleitete.

Im weichen Lehm waren zahlreiche Fußabdrücke gezeichnet, deren weiter Abstand auf eine schnelle Flucht schließen ließ. Köpke blieb stehen. Vor ihm war der Boden ein wenig aufgewühlt. Deutlich sah er den Abdruck einer Hand. Offenbar war hier einer der Einbrecher hingefallen. Dreimal habe er geschossen, hatte der Bahnpolizist angegeben. Köpke suchte den Boden ab. Kein Blut, stellte er fest, also wahrscheinlich auch kein Verletzter.

Er holte ein blaues Taschentuch aus der Manteltasche hervor, breitete es auf dem Boden aus und beschwerte es mit einem Schotterstein. Dann ging er zurück zum Schuppen.

„Kommen Sie mal, bitte", winkte er einen der Polizisten heran.

Der Angesprochene kam herbeigeeilt und schlug vor dem Kommissar die Hacken zusammen.

„Sorgen Sie dafür, daß von dem Handabdruck dort hinten ein brauchbarer Gipsabdruck gemacht wird", deutete er in die Richtung, aus der er gekommen war.

„Wo ist der Abdruck?" Die Augen des Polizisten folgten dem Arm des Kommissars.

„Ich habe die Stelle mit einem blauen Taschentuch markiert", erwiderte Köpke. „Ist gar nicht zu verfehlen."

„Zu Befehl!" knallten die Hacken wieder zusammen.

Köpke steckte beide Hände in die Manteltaschen und trat in den Schuppen. Er wartete einen Augenblick, bis sich seine Augen an das dürftige Licht gewöhnt hatten.

Er ging auf den Bahnpolizisten mit dem Kopfverband zu, der müde und zusammengesunken auf einer Holzkiste saß.

„War eine aufregende Nacht, was?" sagte Köpke wie beiläufig und ließ den Blick durch den Schuppen schweifen.

„In meinem Alter könnte man gut darauf verzichten", erwiderte der Bahnpolizist mit rauher Stimme.

„Aber trotzdem haben Sie während des Fliegerangriffs Ihren Dienst versehen", sagte Köpke. „Dazu gehört doch Mut."

„Ich habe die Waggons überprüft, als es Alarm gab", sagte der andere. „Ich wollte gerade zum Bunker laufen, als ich hier am Schuppen Geräusche hörte."

Köpke nickte und schob die Unterlippe vor. Er holte eine Schachtel Zigaretten aus der Manteltasche hervor und bot sie dem Bahnpolizisten an.

„Amerikanische?" hob der verwundert den Kopf.

„Haben wir beschlagnahmt", lächelte Köpke. „Ist sozusagen Reichseigentum zur weiteren Verwendung."

Der Bahnpolizist fingerte eine Zigarette aus der Schachtel und steckte sie sich zwischen die Lippen. Köpke gab ihm Feuer.

„Sie sagten, bei den Einbrechern handelte es sich um eine ganze Bande", sagte der Kommissar. „Wieviele waren es genau?"

„Vier oder fünf vielleicht", antwortete der andere. „Ich konnte es nicht so genau erkennen. Es ging alles so schnell."

„Wie alt waren sie?"

„Der, den ich zuerst gesehen habe, war recht jung. Höchstens Anfang zwanzig. Der, der mich niedergeschlagen hat, war wesentlich älter. Mitte, Ende dreißig, vielleicht vierzig."

„Und die anderen?"

„Weiß ich nicht", zuckte der Bahnpolizist die Schultern. „Es war zu dunkel."

„Und was diese Kerle hier mitgenommen haben, wissen Sie auch nicht?"

„Das hier ist doch nur ein Schuppen, in dem man verbrauchte Werkzeuge und ausgediente Geräte lagert", antwortete der Bahnpolizist. „Da weiß keiner so genau, was hier überhaupt so alles herumliegt. Irgend etwas Schweres müssen sie geklaut haben."

„Na ja", murrte Köpke. „Diebe und Plünderer. Was die sich heute Nacht wieder alles unter den Nagel gerissen haben." Er drehte sich um und ging langsam zur Tür. Er schaute in den Nebel hinaus.

„Mindestens fünf Einbrüche in Lebensmittelgeschäfte", sagte er zu sich selbst. „Werkzeuge, Zement, Benzin. Auf dem Schwarzmarkt macht man damit ein Vermögen."

Er drehte sich um.

„Danke erstmal", sagte er laut. „Gehen Sie jetzt nach Hause und schlafen Sie sich aus. Wenn ich Sie nochmal brauche, werden Sie Bescheid bekommen."

Am nächsten Tag ließ der Kommissar Schunkel und Josef in sein Büro bestellen. Josef traf vor Schunkel ein, dessen Wohnung in der Altstadt ausgebombt worden war. Er wohnte jetzt am Stadtrand in der Wohnung eines jüdischen Antiquitätenhändlers, den man eines Nachts abgeholt und zusammen mit anderen in einen Lastwagen gepfercht und abtransportiert hatte. Vor Köpkes Büro trafen sie sich. Josef trug eine Ledermappe unter dem Arm.

„Neue Fotos?" vermutete Schunkel.

„Habe ich letzte Woche gemacht", nickte Josef und klopfte an die Tür. Köpke rief sie herein.

Der Kommissar berichtete ihnen von den Einbrüchen in der letzten Nacht, schlug Akten auf, um aus ihnen die Statistiken der letzten Monate vorzulesen, sprach von Kilogramm und Zentnern und faßte schließlich alles in Tonnen zusammen.

„Diese Plünderer schädigen das deutsche Volk in einer Größenordnung, die härteres Vorgehen erfordert", sagte Köpke. „Die wenigen Zeugenaussagen sprechen immer von mehreren Tätern. Es ist also anzunehmen, daß es sich hierbei um Banden handelt. Ich vermute sogar, daß dahinter eine gut organisierte Gruppe steckt, die das Raubgut auf dem schwarzen Markt verkauft, für sich selbst behält oder an untergetauchte Volksfeinde verteilt. Jede dieser Möglichkeiten aber bedeutet einen Verrat am Vaterland."

Schunkel hing wie gebannt an den Lippen des Kommissars und nickte unentwegt. Josef saß zurückgelehnt auf seinem Stuhl und hörte mit unbewegter Miene zu. In seinem Innern aber wühlte es. Er spürte, daß seine Chance gekommen war, endlich zu der Bedeutsamkeit aufzusteigen, auf die er seit Jahren ungeduldig wartete. Er erriet es aus den Blicken Köpkes, der mehr zu ihm sprach als zu Schunkel, sich zu ihm vorbeugte und ihn offensichtlich als ernstzunehmenden Zuhörer betrachtete. Von patriotischen Pflichten sprach Köpke, von absoluter Treue und Loyalität gegenüber dem Führer, er redete von Ehre und Gehorsam und überschriftete alles mit Volk und Vaterland. Er war geschickt in der Wortwahl und dem Gebrauch der Betonung und hatte bei ähnlichen Gelegenheiten stets ein sicheres Gespür dafür bewiesen, die Instinkte seines Gegenübers anzusprechen und für seine Zwecke zu nutzen.

„Was ich brauche, das sind fähige Leute", schloß der Kommissar. „Vertrauenswürdige Leute mit Mut und der Bereitschaft zum kompromißlosen Einsatz!" Seine Augen blieben auf Josef gerichtet. „Kann ich mit dir und deiner Rotte rechnen?"

„Jawohl!" saß Josef plötzlich kerzengerade.

„Schunkel?" wandte Köpke den Blick.

„Mit mir können Sie rechnen", versicherte Schunkel und schaute Josef von der Seite an.

Das Bürschchen wird noch Karriere machen, dachte er und bewunderte in diesem Moment den Rottenführer, der vor Eifer und Energie zu glühen schien.

„Lückenlose Überwachung von Verdächtigen, nächtliche Streifen und exemplarische Aktionen", fuhr Köpke fort. „Wir nehmen uns am besten diejenigen mal genauer vor, die bisher mehr im Hintergrund geblieben sind. Diese Leute im Park, du weißt schon", schaute er Josef an.

Der nickte, öffnete seine Tasche und reichte dem Kommissar einige Fotografien.

„Hervorragend", warf Köpke einen kurzen Blick auf die Bilder, legte sie zur Seite und schlug mit der flachen Hand auf den Schreibtisch.

„Ich wünsche uns viel Erfolg!"

Wenige Wochen später beobachteten Wolfgang und Klaus die Vorbereitung eines Nachschubtransports. Ein Teil des Rangierbahnhofs war abgeriegelt worden und stand unter schwerer Bewachung. Durch Ferngläser erkannten sie Munitionskisten, die sich in den Güterwaggons stapelten, Kübelwagen, Geschützrohre, Panzerketten und waggonweise Lebensmittel: die Versorgung für die Ostfront.

Die Gegend wimmelte von Soldaten, die Streife gingen oder sich hinter geschichteten Sandsäcken verbargen. Drei Flakstellungen und mehrere MG-Nester waren aufgebaut worden, um Angriffe aus der Luft abzuwenden oder Sabotageakte zu vereiteln. Wenn sie den Zug entgleisen lassen wollten, konnte dies nicht in der Nähe des Rangierbahnhofs geschehen.

Sie wußten, welchen Weg der Nachschubzug nehmen würde, wenn er die Stadt verließ. Schon oft hatten sie die endlos langen Züge in Richtung Osten aus der Stadt fahren sehen mit Aufschriften wie ‚Räder rollen für den Sieg' oder anderen Parolen.

Welchen Aufruhr hatte es gegeben, als einmal jemand darunter ‚Naziköpfe rollen nach dem Krieg' gepinselt hatte! Ein paar Kilometer hatte es gedauert, bis die Lokführer aufmerksam wurden, den Zug stoppten und die Schrift entfernten. Niemand wußte, wer diese Unmöglichkeit vollbracht hatte, aber es war ein untrügliches Zeichen dafür, daß der Widerstand gegen die Nazis an Selbstbewußtsein gewann.

Bei den Jensens wurde entschieden, den Zug am Ende einer Unterführung stadtauswärts entgleisen zu lassen. Die nächsten Wohnhäuser lagen gut einhundert

Meter entfernt. Im Falle einer Explosion würde es also keine Opfer geben.

Wolfgang und Gerhard übernahmen es, die Hemmschuhe in der Nähe des Tunnels zu verstecken. Nicht weit vom Rangierbahnhof entfernt hielten sie alle abwechselnd den Nachschubzug im Auge, um rechtzeitig Bescheid zu geben. Es konnte sich nur um ein oder zwei Tage handeln, bis der Zug sich in Richtung Osten in Bewegung setzen würde. Bis dahin mußten sie Tag und Nacht auf ihren Posten sein.

Alle zwei Stunden wechselten sie einander ab, um keinen Verdacht zu erregen. Sie gaben sich gleichgültig, reparierten ein Fahrrad, spielten Fußball oder trafen sich wie zufällig, um dann ein ausgiebiges Gespräch zu beginnen. Die Paare, die sich aneinander schmiegten oder die Hände hielten, fielen am wenigsten auf. Von ihnen wandte man den Blick ab, mancher verschämt und mancher, um nicht zu stören.

Franz und Marianne hatten eine Decke auf dem Gras ausgebreitet. Marianne lag auf dem Rücken und hatte die Augen geschlossen. Die Dämmerung hatte bereits eingesetzt, und es war warm. Franz blickte immer wieder zur Straße hinüber, unter der die eingleisige Eisenbahnspur verlief. Die Strecke war kaum befahren, und mit etwas Glück würde es keine zufälligen Beobachter geben. Eine Stelle, wie geschaffen für einen Sabotageakt!

Auf der anderen Seite der kleinen Schienenschlucht lag irgendwo Gerhard mit einem Buch in den Händen und wartete nervös darauf, daß er abgelöst wurde. Er schaute auf seine Uhr. Eine Viertelstunde noch, dann würde Paul kommen. Gerhard war erleichtert, daß nicht er einen der Hemmschuhe auf den Schienen würde befestigen müssen. Wenn nun der Lokführer oder irgendein anderer dabei ums Leben käme! Welche Schuld würde er damit auf sich laden! Würde er sich dies jemals verzeihen?

Überhaupt war Paul viel geeigneter für diese Aufgabe. Roh, gewalttätig und als Krimineller ohnehin an alles gewöhnt, was das Gesetz verbot. Paul bereute niemals etwas, für ihn gab es keine Verantwortung vor Gott.

Gerhard hob den Kopf und schaute zur Straße. Wann kam endlich der Zug?

Auch Franz blickte die Straße hinunter. Es war ruhig. Er hätte noch stundenlang neben Marianne liegen, ihre weiche Haut streicheln, ihren Geruch einatmen, ihr schönes Gesicht mit den dunklen Augenbrauen betrachten können. Er dachte an ihre heiße, verspielte Zunge, die an diesem Nachmittag immer wieder nach ihm verlangt hatte, an ihre Hände, die unter sein Hemd geglitten waren, um seinen Körper zu erkunden, an ihre Brüste, die er zuerst schüchtern, dann begierig gestreichelt hatte. Marianne erregte ihn, und er spürte ein wildes Pulsieren in den Lenden, wenn sie sich umarmten und im Gras wälzten.

„Warum hast du dich eigentlich dem Widerstand angeschlossen?" fragte Franz.

Marianne öffnete überrascht die Augen und stützte sich auf die Arme. Sie sah Franz nachdenklich an.

„Hätte ich es nicht tun sollen?" fragte sie zurück.

„Doch, sicher", sagte Franz. „Aber dir ging es doch gut. Dein Vater ist Professor an der Universität, ein angesehener Mann."

„Und meine Mutter?"

„Was ist mit deiner Mutter?"

„Sie ist Jüdin."

„Franz schluckte. „Hat man sie ...?"

„Nein", unterbrach ihn Marianne. „Aber die Eltern meiner Mutter sind im Lager. Ich habe mit ansehen müssen, wie man sie abtransportiert hat. Wie Vieh hat man sie behandelt ..."

„Das tut mir leid", sagte Franz leise und blickte zu Boden.

„Meine Mutter wird noch geduldet", fuhr Marianne fort. „Die Stellung meines Vaters schützt sie. Aber wer weiß, wie lange noch – macht es dir angst, daß ich Halbjüdin bin?"

„Nein", schaute Franz auf. „Wie kommst du darauf?"

„War nur so ein Gedanke", zuckte Marianne die Schultern.

Franz beugte sich vor und küßte sie.

„Mein Vater will, daß wir aus Deutschland fortgehen", sagte Marianne leise.

Franz spürte einen Stich in der Brust. Er schaute Marianne fragend an.

„Ich werde hierbleiben", sagte Marianne. „Ich habe schon zuviel gesehen. Ich kann die Augen nicht mehr verschließen und einfach weglaufen."

„Wie willst du das machen?" fragte Franz mit rauher Stimme.

„Es gibt da einige Möglichkeiten", erwiderte Marianne und schaute zur Straße, wo in einiger Entfernung die Konturen der Häuser zu verschwimmen begannen. Sie kniff die Augen zusammen.

„Ich glaube, da kommt Manni." Ein Fahrradfahrer näherte sich rasch. „Wieso hat er es denn so eilig?"

Franz richtete sich auf und beobachtete, wie Manni angestrengt in die Pedale trat. Sein Oberkörper wankte von einer Seite zur anderen und war tief über den Lenker gebeugt. Er fuhr die Straße hinunter, ohne einen Blick zur Seite zu werfen. Jetzt war er auf der Höhe von Franz und Marianne, machte aber keine Anstalten anzuhalten. Seine Fahrradklingel ertönte zweimal, und er überquerte schon die Brücke.

„Scheiße!" zischte Franz.

Hastig falteten er und Marianne die Decke zusammen. Sie blickten sich um. Kaum ein Mensch war zu sehen. Die einsetzende Dunkelheit verschluckte alles in farbloser Monotonie. Unter ihrem Schutz mußte das Unternehmen gelingen.

Geduckt liefen sie zur Böschung und schauten hinunter. Die Schienen schnitten schwachglänzende Geraden ins Dunkel. Auf der gegenüberliegenden Seite nahmen sie eine Bewegung wahr. Gerhard kroch hinter einem Busch hervor. Auf den Schultern trug er einen der Hemmschuhe.

Franz und Marianne stiegen vorsichtig die Böschung hinunter. Auf halber Höhe störte dichtes Gestrüpp ihren Weg. Franz bog die Äste auseinander und räumte ein paar Steine zur Seite. Ein metallenes Klingen zeigte ihnen an, daß er den zweiten Hemmschuh gefunden hatte. Mit Mühe zog er ihn aus dem Buschwerk hervor. Marianne griff zu. Gemeinsam schafften sie die Metallkeile zu den Schienen.

„Wir müssen sie versetzt anbringen“, raunte ihnen Gerhard zu, der schon dabei war, das Gerät auf einer Schiene zu befestigen. Schwer atmend setzten Franz und Marianne den Hemmschuh ab und schauten zur Unterführung. Sie lag in einer leichten Kurve und war vielleicht dreißig bis vierzig Meter lang. Wenn überhaupt, würde der Lokführer die Hindernisse zu spät erkennen. Ein Entgleisen war nicht zu verhindern.

Fieberhaft befestigten sie das schwere Eisengerät auf der Schiene. Der Schweiß brannte Franz in den Augen.

„Fertig?“ zitterte Gerhards Stimme.

„Fertig!“ antwortete Franz, erhob sich und trat einige Male vor den Hemmschuh. Er saß fest.

Gerhard stieg schon wieder die Böschung hinauf, rutschte ab, krallte sich in die Erde und zog sich stöhnend weiter. Jetzt hörten sie die Dampflok, die jeden Augenblick in den Tunnel tauchen mußte.

Ihr Herz raste. Franz und Marianne stürzten den steilen Abhang hinauf, rissen sich an spitzen Ästen Wunden ins Fleisch und erreichten mit fliegendem Atem die Wiese, auf der sie noch vor wenigen Minuten gelegen hatten.

Hinter ihnen stampfte die Lok durch die Unterführung und blinzelte aus schmalen Schlitzen auf den Schienenstrang. Sie rannten durch die Dunkelheit und zogen die Köpfe zwischen die Schultern. Wenn die Waggons mit den Munitionskisten in die Luft flogen, konnte jeder weitere Meter das Leben retten. Millionen Patronen, tausende Granaten, Panzerfäuste und Pulversäcke: das würde ein apokalyptisches Inferno werden.

Dann ein ungeheures Krachen. Die Lok sprang aus den Schienen und bohrte sich in die Wand der Schlucht. Sie riß die ersten Waggons mit sich, die sich zur Seite neigten und kippten. Armdicke Eisenstreben knickten wie Grashalme, Holz splitterte und ein ohrenbetäubender Lärm hob an, als sich die Waggons ineinander verkeilten. Aus den aufgerissenen Wänden ergoß sich die tödliche Fracht. Wo Stahl und Eisen miteinander rangen, wirbelte ein Funkenregen auf, als wolle er den offenliegenden Tod provozieren.

Franz und Marianne hatten die ersten Häuser erreicht. Der Lärm mußte die unbedingte Aufmerksamkeit ihrer Bewohner erregt haben. Franz zog Marianne in einen Hauseingang und warf einen Blick zurück. Ein Bersten, ein schrilles Quietschen noch, dann war es still. Keine Explosion.

Fenster wurden aufgerissen, aufgeregte Rufe hallten durch die Straße. Leute kamen herbeigelaufen und schauten in die dunkle Stille an der Unterführung. Einige liefen los. Helfen war eine Pflicht.

Franz und Marianne mischten sich unter die Neugierigen, die sich langsam der Unfallstelle näherten, aber schon bald von der anrückenden Feuerwehr zurückgedrängt wurden. Das Gelände wurde abgesperrt, die nahegelegenen Häuser evakuiert. Die Eisenbahnstrecke war für drei Tage blockiert.

„Es hat keine Toten gegeben“, sagte Frau Jensen mit einem freundlichen Lächeln. „Die beiden Zugführer sind nur leicht verletzt. Die Aktion war ein großer Erfolg.“

„Es hätte aber auch sehr viel schlimmer kommen können“, sagte Gerhard leise.

„Es ist alles so verlaufen, wie wir es geplant hatten“, blieb Frau Jensen freundlich. „Bereust du nun, was du getan hast?“

„Bereuen ist nicht der richtige Begriff“, sagte Gerhard. „Ich meine ...“, gestikulierte er hilflos, „... Toni und Helga sind tot, und wir können doch nicht auch noch das Leben von Unbeteiligten aufs Spiel setzen. Und wenn wir jetzt auch noch Waffen besorgen ...“, warf er einen Seitenblick auf Klaus.

„Das stimmt“, nickte Jensen. „Wir werden das in Zukunft vermeiden. Aber was die Waffen betrifft: im Ernstfall müssen wir in der Lage sein, uns zu verteidigen. Wenn uns irgendein SS- oder Gestapo-Mann bei einer unserer Aktionen überrascht, ist es aus. Da gibt es nur noch eine Wahl: er oder ich.“

„Einen Mord wird man uns niemals verzeihen.“

„Ist es Mord, wenn wir uns gegen die Unmenschlichkeit verteidigen?“ erwiderte Jensen ruhig. „Wie würde man es nennen, wenn er einen von uns umbrächte? Notwehr? Gerhard, die Geschichte wird Hitlers Diktatur und seine Untaten verurteilen, und wer nur ein bißchen Sinn für Gerechtigkeit hat, wird sagen, daß wir richtig gehandelt haben. Nicht wir sind die Verbrecher, sondern die Nazis.“

„Ich werde keine Waffe tragen“, beharrte Gerhard.

„Das ist dein gutes Recht", nickte Jensen. „Und ich hoffe auch, daß keiner von uns jemals in eine Situation gerät, in der er töten muß."

„Was wir tun, tun wir nicht nur für uns selbst", sagte Wolfgang. „Wir tun es für unser Land und für die Menschen, die hier leben. Und vielleicht auch für die Menschen in anderen Ländern. Ich werde mich verteidigen, wenn es nötig ist", klopfte er energisch mit dem Zeigefinger auf den Tisch. „An den Fronten wird das Töten fürs Vaterland bejubelt. Wer für Deutschland tötet, ist ein Held. Egal, ob er für ein faschistisches und diktatorisches Deutschland mordet. Wenn aber einer von uns im Interesse eines menschenwürdigen Deutschland tötet: was ist das?"

„Notwehr!" sagte Klaus bestimmt. „Ich plädiere für Notwehr! Stellt euch vor, die Juden in den Konzentrationslagern würden sich gegen ihre Folterknechte zur Wehr setzen. Wäre das etwa keine Notwehr? Und ich bin Kommunist, noch dazu aus dem KZ geflohen. Was meint ihr wohl, was die Nazis mit mir anstellen würden? Sollte ich mich etwa nicht verteidigen?"

„Nur die Ruhe", versuchte Jensen zu beschwichtigen. „Wir wollen hier niemandem vorschreiben, ob er eine Waffe tragen soll oder nicht. Das muß jeder selbst entscheiden."

Jeder von ihnen wußte, daß es hier nicht mehr nur darum ging, dem Nationalsozialismus einen Kratzer in das makellos scheinende Gesicht zu gravieren. Wunden hatten sie geschlagen, und sie würden ihm weiterhin Schmerzen und Verletzungen zufügen, je mehr Leid er in Europa verbreitete. Jede Nachricht von Massakern, Exekutionen und Hinrichtungen stärkte in ihnen das Verlangen, durch ihre Taten ein wenig Menschlichkeit und Gerechtigkeit zu retten, und sei es nur für ein paar Wochen, für ein paar Monate oder für die Erinnerung.

Sie diskutierten bis in den späten Abend hinein, und wenn auch niemand es aussprach, so ahnte doch jeder, daß eines Tages der Griff zur Waffe unausweichlich sein würde. Ein dummer Zufall, die überraschende Entdeckung eines ihrer Einbrüche, eine unvorhergesehene Begegnung beim Abtransport von gestohlenen Lebensmitteln: Aufgabe oder Angriff!

Eine Entscheidung in weniger als einem Augenblick, instinktiv, ohne Überlegung. Wer würde sie als erster treffen müssen?

XII

Die Vorladung der Gestapo war ein in militärischer Kürze aufgesetzter Brief. Weißes, holzfreies Papier, die Maschinenschrift fehlerfrei in der Mitte des Blattes plaziert. Ein Zeugnis korrekter Abläufe und konsequenter Ordnung, fast schon steril und die Vermutung nahelegend, daß hier eine Bürokratie die Regeln und Gesetze in der Behandlung ihrer Klientel respektierte.

Doch Franz mißtraute der ebenmäßigen Form. Ein Routineverhör oder ein konkreter Verdacht gegen ihn?

„Routine", sagte Manni bestimmt, als sie sich vor dem Bunker trafen. „Ich habe auch eine Vorladung bekommen. Nach den Vorfällen in den letzten Wochen wird jeder verhört, der sich schon mal verdächtig gemacht hat. Aber keine Sorge, du kennst ja die Spielregeln", lächelte er zuversichtlich.

Sie gingen gemeinsam zum KD-Haus, wo der Pförtner sie in die dritte Etage zu Funke und Mansfeld schickte. Überrascht stellten sie vor dem Zimmer fest, daß gut ein Dutzend ihrer Freunde von den Navajos vorgeladen worden war. Sie standen dort gelangweilt herum, mancher an die Wand gelehnt, die Hände in den Hosentaschen, und unterhielten sich mit gedämpfter Stimme. Von Zeit zu Zeit lachte einer und erweckte so den Eindruck, daß sie Unbeteiligte waren, denen man nichts vorwerfen konnte. Und jeder von ihnen hätte scheinbar unwissend die Schultern gezuckt als Antwort auf die Frage, aus welchem Grund man ihn wohl in die Gestapo-Zentrale vorgeladen hätte.

Manni klopfte an die Tür und wollte eintreten, aber

es war abgeschlossen. Sie warteten. Die in der Vorladung genannte Uhrzeit – neun Uhr morgens – war bereits überschritten.

„Die wollen uns noch ein bißchen schmoren lassen", zwinkerte er Franz zu. „Sicher beobachten sie uns jetzt." Manni schaute den Flur hinunter, konnte aber nichts entdecken.

Eine Viertelstunde später schloß jemand von innen die Zimmertür auf. Mansfeld grinste sie an und baute sich vor ihnen auf. Hinter ihm erschien Funke. Er rief sie einzeln ins Zimmer und nahm ihre Personalien auf. Die Tür ließ er offenstehen. Danach griff er zum Telefonhörer. Zwei Leute vom Sicherheitsdienst erschienen und bedeuteten den Vorgeladenen, ihnen in den Keller zu folgen. Damit hatte niemand gerechnet. Fragend blickten sie einander an.

Eine schmale Treppe führte in den Keller. Die Gewölbe waren umgebaut worden. Wo vor Jahren Vorräte gelagert und Gerümpel abgestellt worden war, hatte man nun Zellen mit massiven Holztüren eingerichtet, die zu beiden Seiten des Ganges lagen. Es stank nach Scheiße, Fenster gab es nicht.

„Aufstellen!" brüllte einer der Sicherheitsleute. „Der Größe nach! Und jetzt", lächelte er zynisch, „überlasse ich euch unserem Kellermeister Kämper."

Schweigend bildeten sie eine Reihe. Vom anderen Ende des Ganges kam langsam ein kleiner, dicklicher Mann grienend herangeschlendert, die Hände hinter dem Rücken und mit schweißnassem Hemd. Seine Schritte hallten von den Wänden wider, bis er schließlich vor dem ersten Mann in der Reihe stehenblieb und ihn musterte. Er nahm die Arme nach vorne. In der Hand hielt er eine Reitpeitsche, die er mit einem unheimlichen Lächeln betrachtete. Langsam, gleichsam genußvoll und den Moment auskostend, ließ er das geflochtene Leder durch die Finger gleiten.

„Warum hat man dich vorgeladen?“ schnitt seine Stimme durch das Schweigen.

„Ich weiß es nicht“, antwortete der junge Mann.

„So, das weißt du nicht“, spielte Kämper weiter mit der Peitsche. „Und du weißt wahrscheinlich auch nicht, warum man dich zu mir in den Keller gebracht hat?“

„Nein, weiß ich nicht“, antwortete der andere.

Kämper schüttelte den Kopf, ohne den jungen Mann anzublicken, kehrte ihm den Rücken zu und schaute zur Decke, als suche er dort etwas. Blitzschnell holte er plötzlich aus und schlug aus der Drehung mit der Peitsche zu.

Der Mann schrie auf und ging zu Boden. Stöhnend preßte er die Hände auf die Brust, wo ihm das Leder das Hemd zerrissen und einen blutigen Striemen auf der Haut hinterlassen hatte.

„Warum hat man dich vorgeladen?“ schnauzte Kämper den nächsten an.

„Ich weiß es nicht“, erwiderte der verstört und blickte hinunter zu dem Geschlagenen, der sich nun mühsam wieder aufrichtete. Ohne ein Wort rammte ihm Kämper die Faust in die Magengrube. Aufstöhnend sackte er zusammen.

Jedem der Navajos stellte Kämper die gleiche Frage, aber trotz der Peitsche und seiner wütenden Fäuste bekam er stets die gleiche Antwort. Er beschimpfte sie, hinterließ brennende Wunden auf ihrer Haut und prügelte sie bis an den Rand der Besinnungslosigkeit. Sie waren seiner Gewalt ohnmächtig ausgeliefert, doch verstärkte ihr gemeinsamer Wille auch die Ohnmacht des Folterknechts. Solange niemand von ihnen nachgab, waren sie wie eine Festung, verwundbar zwar, aber uneinnehmbar.

Nachdem Kämper die Reihe abgeschritten hatte, brauchte er ein paar Minuten, um wieder zu Atem zu kommen.

„Das war erst der Willkommensgruß", keuchte er. „Und ich sage euch: wenn ihr nicht spurt, werdet ihr hier unten verfaulen."

Er sperrte eine der Zellen auf und gab ihnen ein barsches Zeichen. Sie betraten den kleinen, kahlen Raum, in dem bereits vier andere Häftlinge auf dem Boden saßen. Vier Schritte lang, drei Schritte breit, keine Pritsche, kein Stuhl. Als Kämper die Tür zuwarf und wieder verschloß, drängten sich achtzehn Gefangene in der Zelle.

Die Luft war stickig. In der Enge konnten nicht alle auf dem Boden sitzen. Einige blieben stehen und lehnten sich gegen die Wand. Jemand sprach leise die vier an, die schon vorher hier eingesperrt waren. Ihre Gesichter waren verschwollen und von Schlägen entstellt. Einem war die Augenbraue aufgeplatzt, seine rechte Gesichtshälfte war blutverschmiert.

Man habe sie wegen einer Einbruchsserie verhaftet und verhört, erzählten sie. Am Tag zuvor hatte man sie in die Zelle gesperrt und seitdem sechsmal nach oben geholt, um ein Geständnis zu erzwingen. Aber da gab es nichts zu gestehen, versicherten sie. Ja, ein bißchen Schwarzmarkt, aber das machte doch jeder. Aber Einbruch? Nein, schüttelten sie den Kopf. Damit hätten sie nichts zu tun. Reine Schikane, erklärten sie. Weil sie nicht zu den Nazis gehörten und beim Bier gegen den Krieg geredet hätten.

Ein stilles Warten begann, das nur einige Male durch das Brüllen Kämpers unterbrochen wurde, der von Zeit zu Zeit die Zellen durch eine kleine, verschließbare Öffnung kontrollierte. Es schien ihm eine gewisse Befriedigung zu bereiten, die Häftlinge zu demütigen und ihnen mit der Peitsche zu drohen, mit der er gegen die Tür schlug, wenn er seine Beschimpfungen bekräftigen wollte. Er forderte sie auf, Haltung anzunehmen, verbot ihnen Gespräche oder stürmte in eine Zelle, um vermeintlichen Ungehorsam mit dem Leder zu ahnden. Dieser Keller eröffnete ihm das Reich absoluter Macht, in dem allein sein Wille über Ruhe und Schmerz, Brot und Peitsche, Tag und Nacht entschied. Hier war er der Herrscher, seinem Führer ebenbürtig und dennoch ergeben.

Dies würde nicht eines der Verhöre werden, in dem nur vage Fragen gestellt und einschüchternde Drohungen gebrüllt wurden, das wußten sie alle. Diesmal würde man sie wirkliche Gewalt spüren lassen, jenseits von Recht und Gesetz. Da kamen Schmerzen auf sie zu, und wer sich ihrem ständigen Anrennen ergab, würde dieses Gefängnis vielleicht nie wieder verlassen.

Kämper riß die Tür auf, die Peitsche drohend erhoben. Er schnauzte einen Namen in die Zelle hinein. Der Aufgerufene erhob sich langsam und trat nach draußen. Zwei Sicherheitsleute führten ihn ab.

„Es geht los", grinste Kämper die Inhaftierten zynisch an. „Jetzt wird einer nach dem andern weichgeklopft."

Etwa eine Stunde später entriegelte er die Tür abermals und stieß den Verhörten in die Zelle. Der Junge stolperte über die Beine der anderen und fiel stöhnend zu Boden. Sie stützten ihn und lehnten ihn mit dem Rücken an die Wand. Er blutete aus der Nase, über dem linken Auge war eine taubeneigroße Schwellung.

Kämper rief den nächsten auf. Es war bereits Nachmittag, und die Hitze in der Zelle ließ die Zunge am Gaumen kleben. Der Eimer mit Pisse, der in einer Ecke stand, schwappte über. Beißender Gestank machte das Atmen schwer. Der einzige Weg, sich nicht schon dadurch mürbe machen zu lassen war, es zu ignorieren und an etwas anderes zu denken. An Weihnachten vor dem Krieg zum Beispiel, an eine Geburtstagsfeier oder an die Zeit, wenn alles vorbei sein würde. So starrten sie ins Leere oder schlossen die Augen, träumten sich weit weg oder ergaben sich in ihre Erschöpfung und sanken in einen unruhigen Schlaf, aus dem Kämper sie in regelmäßigen Abständen herausriß.

Franz wurde aufgerufen. Er warf Manni einen flüchtigen Blick zu. Manni zwinkerte ihm zu und versuchte ein Lächeln, doch wußte er auch, daß beim Verhör jeder auf sich selbst gestellt war. Beim Verhör war man einsam, ohne eine Stimme, die einem Mut zusprach, ohne eine helfende Hand, die einen wieder aufrichtete, wenn das Gewicht der Schläge und Demütigungen einen zu Boden geworfen hatte.

Die Sicherheitsleute hakten Franz unter und führten ihn in die dritte Etage zu Funke und Mansfeld. Müde sank er auf den Stuhl und betrachtete Funke, der ihn nicht wahrzunehmen schien und einige Notizen in eine Akte schrieb. Mansfeld kam mit verschränkten Armen auf ihn zu und lehnte sich an Funkes Schreibtisch. Niemand sprach ein Wort.

Schließlich klappte Funke die Akte zu, legte sie zur Seite und ging zu einem Regal. Suchend ließ er den Finger die Aktenrücken entlanggleiten und griff dann die Unterlagen heraus. Er schlug sie auf und ging langsam an seinen Platz zurück, während er flink und konzentriert das Geschriebene überflog. Er setzte sich zögernd, als hätte er gerade eine Entdeckung gemacht, legte die Akte vor sich hin und las ungestört weiter, nickte nachdenklich und schaute endlich Franz an.

„Wir kennen uns, nicht wahr?" fragte er.

„Sie haben mich schon einmal vorgeladen", antwortete Franz.

„Aber wie ich sehe, hat unser Gespräch nicht viel geholfen."

„Wie meinen Sie das?" fragte Franz.

„Du treibst dich immer noch mit denselben Leuten herum wie damals", sagte Funke ruhig. „Und wir haben Beweise dafür, daß ihr Flugblätter verteilt und Sabotage verübt."

„Was für Flugblätter?" tat Franz überrascht. „Das muß eine Verwechslung sein. Ich weiß nichts von Sabotage."

Wie aus dem Nichts zuckte Mansfelds Hand vor und schlug zu. Franz' Kopf flog zur Seite, seine Wange brannte.

„Der Kamerad Mansfeld ist etwas ungeduldig, mußt du wissen", blieb Funke ungerührt und fixierte Franz mit starren Augen.

„Wer sind eure Anführer?" fragte er. „Sind das Sozis oder Kommunisten?"

„Es gibt keine Anführer", erwiderte Franz und hielt sich die Wange. „Wir singen doch nur und ..."

Der Schlag traf ihn jetzt von der anderen Seite. Fast kippte er vom Stuhl. Er preßte die Lippen zusammen und schaute Mansfeld an. Der verschränkte wieder die Arme und grinste.

„Das hat doch alles keinen Zweck", blieb Funke ruhig. „Man hat dich zusammen mit den Kommunisten gesehen. Und in deinem Wohnviertel gibt es doch auch eine ganze Menge davon."

„Ich kenne keine Kommunisten", sagte Franz und biß die Zähne zusammen, als Mansfeld wieder ausholte. Die Faust stampfte in seinen Magen. Franz krümmte sich und sackte stöhnend vom Stuhl. Mansfeld riß ihn an den Haaren hoch und setzte ihn wieder auf seinen Platz.

„Wer von euch verteilt die Flugblätter?" fragte Funke teilnahmslos.

„Ich sage Ihnen doch, ich weiß nichts davon", stöhnte Franz. „Zeigen Sie mir doch Ihre Beweise. Ich kann sicher alles aufklären ..."

Mansfeld rammte ihm die Faust in die Nieren. Franz rang nach Luft, die Gesichter verschwammen vor seinen Augen.

„Wirst du wohl dein vorlautes Maul halten!“ hörte er Mansfelds Stimme wie von weit her.

Funkes Fragen wiederholten sich, doch trotz der ungezählten Schläge und Fausthiebe hielt Franz durch. Nach einer Weile fühlte er sich fast schon vertraut mit den stetigen Wiederholungen aus Fragen, Antworten und Schlägen. Ja, er ahnte bereits voraus, wo ihn die Hand oder Faust Mansfelds erneut treffen würde. Es war beinahe wie ein Ratespiel, aus dem er mehr und mehr als Gewinner hervorging, denn Mansfeld schien bestimmte Vorlieben zu haben und nach einem variantenlosen Schema zu verfahren. Zwei Schläge ins Gesicht, drei auf den Körper: leicht zu durchschauen, stets wurde die nächste Erwartung erfüllt.

Franz spürte seinen Körper kaum noch. Die Stimmen seiner Folterer klangen von weither, und durch den Nebel einer immer wiederkehrenden Bewußtlosigkeit verlor er mehr und mehr das Gefühl für den Schmerz.

Er wachte auf, als das Schloß der Zellentür geöffnet wurde. Er sah die Gesichter der anderen Inhaftierten, wie sie ihn entsetzt anstarrten. Dann kam Manni und stützte ihn. Langsam führte er ihn in die Zelle und setzte ihn auf den Boden.

„Wie fühlst du dich?“ fragte Manni und biß sich auf die Unterlippe. Er hatte Tränen in den Augen.

„Wahrscheinlich so wie ich aussehe“, antwortete Franz mühsam. Sein rechtes Auge war fast zugeschwollen, er schmeckte Blut.

„Das werden wir diesen miesen Schweinen heimzahlen“, zitterte Mannis Stimme.

„Ich habe nichts gesagt“, stöhnte Franz. „Kein Wort haben die aus mir rausgekriegt.“

„Ist schon gut“, legte ihm Manni die Hand auf die Schulter. „Das ist jetzt nicht so wichtig. Bleib einfach nur ruhig sitzen.“

Franz schloß die Augen. In der Zelle flüsterten sie. Er spürte seinen Herzschlag in den Schläfen pochen. Ein ruhiger, gleichmäßiger Rhythmus, der ihn einhüllte und in den Schlaf sang. Er hörte nicht mehr, wie Mannis Name aufgerufen wurde.

Zwei Tage später wurden sie alle aus der Zelle geholt. Kämper und einige Sicherheitsbeamte trieben sie auf den Hof der Gestapo-Zentrale. Vor einem Lastwagen mit laufendem Motor mußten sie sich aufstellen. Während man ihre Namen aufrief, schaute Franz über den Hof. Aus offenen Fenstern hallten Schreie und wütende Beschimpfungen.

An einer der Hauswände war ein starkes Eisenrohr angebracht, an dem mehrere Fleischerhaken hingen. Darunter standen kleine Schemel. Die Häftlinge konnten sich kaum auf den Beinen halten. Manni hatte sich an Franz' Schulter gelehnt und die Augen geschlossen. Sein Gesicht war blaugeschwollen, Mansfeld hatte ihm die Nase gebrochen.

Jeder brauchte die Hilfe des anderen, als sie auf die offene Ladefläche des Lastwagens stiegen. Stöhnend sanken sie auf die hölzerne Pritsche. Zwei mit Karabinern bewaffnete Sicherheitsleute setzten sich an das Ende und nickten Funke zu. Der gab dem Fahrer ein Zeichen. Der Lastwagen fuhr auf die Straße.

In der Stadt schien alles normal. Spätsommerlicher Alltag, ein blauer Himmel, der nur das Beste zu versprechen schien. Passanten, die ihre Geschäfte erledigten und nur selten einen flüchtigen Blick auf die geschundene Ladung auf der Pritsche warfen. Wie war es nur möglich, daß soviel Alltag angesichts dieses schreienden Unrechts existierte? Wie war es möglich, daß niemand die tausendfachen stummen Schreie der Gefolterten hörte?

Unausgesprochene Fragen verloren sich wie Vogelschreie im Nebel. Die Bilder vor den Augen der Häftlinge verwischten, und nur Bruchteile der Wirklichkeit drangen durch ihre Apathie. Augenblicke von Furcht nahmen sie wahr, abgeschüttelte verbotene Gedanken errieten sie, verhaltenes Mitleid spürten sie. Aber niemand aus dieser sich niederkauernden Wirklichkeit wagte es, ihnen laut zuzustimmen und nach Gerechtigkeit zu verlangen.

Eine halbe Stunde später trafen sie vor einem klotzigen Bau ein, dessen Fenster vergittert waren. Der Wagen passierte zwei bewachte Tore und fuhr in den Innenhof des Gefängnisses. Die Häftlinge wurden in einen kahlen Raum getrieben, wo sie Geld, Brieftaschen, Gürtel, Hosenträger und Schnürsenkel abliefern mußten. Danach führte man sie zu ihren Zellen. Je drei Leute wurden in den weiß gekälkten Räumen untergebracht.

Franz teilte sich die Zelle mit zwei jungen Männern, die er nur als Jojo und Hannes kannte. Unter dem vergitterten Fenster stand ein kleiner Holztisch, daneben ein dreibeiniger Schemel. In einer Ecke waren drei Strohsäcke gestapelt. Die Decken darauf rochen übel nach Mottenkugeln. Der Kübelstuhl stand neben der Tür. Das einzige Wandbett war hochgeklappt. Tagsüber war es verboten, sich hinzulegen und zu schlafen.

„Bis wir entlassen werden, kann also jeder von uns einmal auf dem Bett schlafen", sagte Jojo.

„Wieso?" fragte Franz.

„Weil sie uns nicht länger als drei Tage hier festhalten dürfen."

„Das glaubst du doch wohl selbst nicht", sagte Hannes. „Die buchten uns hier so lange ein, bis wir weich sind. Und ich", packte er einen der Strohsäcke und setzte sich darauf, „komme hier ohnehin nicht mehr weg."

„Warum nicht?" wollte Jojo wissen.

„Weil ich eigentlich in Rußland für mein Vaterland kämpfen müßte."

„Desertiert?"

„Gar nicht erst hingegangen", schüttelte Hannes den Kopf. „Entweder ich verbringe die nächsten Jahre in dieser Zelle", schaute er durch das Gitter in den Himmel, „oder sie schicken mich direkt an die Front. Als Kanonenfutter sozusagen."

Im Gefängnishof wurde es plötzlich laut. Franz, Jojo und Hannes gingen zum Fenster. Eine Kolonne von Häftlingen marschierte singend und im Gleichschritt in den Hof ein. Angetrieben von der Wachmannschaft verteilten sie sich auf ihre Zellen, um die Ausgabe des Mittagessens abzuwarten.

Franz und die anderen horchten an der Tür. Das Klappern von Geschirr kam näher. Seit dem Verhör in der Gestapo-Zentrale hatten sie nichts mehr gegessen. Sie fühlten sich elend und schwach. Das Essen würde ihnen nicht nur Kraft geben, sondern auch Mut machen.

Aber das Klappern entfernte sich von ihrer Zellentür. Dort draußen gingen sie vorbei und öffneten die nächste Tür, maulten überflüssig herum und füllten die Teller. Franz lehnte sich an die Wand und ließ sich auf den Boden sinken. Tränen rannen ihm über die Wangen und brannten auf der abgeschürften Haut.

„Kopf hoch", beugte sich Hannes zu ihm hinunter und legte ihm die Hand auf die Schulter. „Von diesen Mistkerlen werden wir uns doch wohl nicht kleinkriegen lassen, oder?"

Franz wischte sich die Tränen aus dem Gesicht und schüttelte den Kopf. Nein, um keinen Preis würde er sich brechen lassen! Er starrte auf die eisenbeschlagene Tür, hinter der die Geräusche allmählich leiser wurden. Trotz des flauen Gefühls in seinem Magen fühlte er in sich eine Wut, die seine Lippen zittern ließ.

„Irgendwann werden diese Schweine vor uns auf den Knien kriechen", zischte er.

„Glaube ich nicht", sagte Hannes. „Die werden sich in ihre Löcher verkriechen und hoffen, daß man ihnen nicht auf die Schliche kommt."

Dann spitzte er die Lippen und fing an, ein Lied zu pfeifen. Die beiden anderen schauten ihn erstaunt an, lachten dann aber. Sie stimmten in das Lied ein und begleiteten den Rhythmus mit einem Klatschen. Das Pfeifen schallte bis in den Gefängnishof, und an den vergitterten Fenstern erschienen grinsende Gesichter. Diese Unbeugsamkeit machte Mut, und wer sich noch nicht vollends der Verzweiflung und Hoffnungslosigkeit ergeben hatte, erhob sich und bewies pfeifend seinen Willen zum Widerstand.

Plötzlich wurde die Zellentür entriegelt und aufgerissen. Ein stoppelbärtiger Mann erschien. Sein schmutziges Hemd spannte sich über dem vorstehenden Bauch, der ihm über dem Gürtel der Hose hing. Leicht geduckt, als wolle er zum Sprung ansetzen, stand er vor Franz, Jojo und Hannes. Verblüfft betrachteten sie den Mann.

„Wer pfeift hier?" schnauzte der Mann. In der rechten Hand hielt er ein Stück Schlauch, das über den Boden schleifte.

„Hat hier jemand gepfiffen?" schaute Jojo mit gespielter Überraschung die anderen an.

„Höchstens auf dem letzten Loch", erwiderte Hannes mit hochgezogenen Augenbrauen.

Die drei schauten einander mit angehaltenem Atem an. Dann hielt es sie nicht länger. Sie prusteten los und schauten den Stoppelbärtigen an, dessen Wut ihm in den Schläfen pochte.

In diesem Moment fiel er über sie her. Der Schlauch schnitt durch die Luft. Instinktiv rissen die drei die Arme hoch, um ihre Köpfe zu schützen. Die Wucht der

Schläge brachte sie aus dem Gleichgewicht. Sie torkelten durch die Zelle und brüllten ihren Schmerz heraus, als ihnen der Schlauch Hemd und Haut zerfetzte. In blindwütiger Raserei holte der Stoppelbärtige immer wieder aus und schlug ihnen Wunden in den Körper. Da war niemand, der ihm Einhalt gebot.

Franz spürte einen Schlag auf den Hinterkopf. Plötzlich fühlte er sich ganz leicht. Er ergab sich in die Ohnmacht und sank zu Boden. Er spürte nicht mehr, wie der Stoppelbärtige weiter auf ihn eindrosch und erst von ihm abließ, als Jojo und Hannes sich schreiend über seinen tauben Körper warfen, um ihn zu schützen.

Atemlos und mit weit aufgerissenen Augen blickte der Mann auf das blutende Knäuel von Menschen und hielt den Schlauch drohend erhoben. Seine Hand zitterte noch immer von der Anstrengung. Dann drehte er sich abrupt um und warf die Tür zu.

Hannes faßte Franz an den Schultern und schüttelte ihn. Stöhnend öffnete der die Augen und schaute ihn an. Mit Mühe stemmte er sich auf die Arme und befühlte seinen Hinterkopf. Er verzog das Gesicht, als er die starke Schwellung ertastete.

„Alles in Ordnung?" stützte Jojo ihn.

„Fast alles", sagte Franz leise.

Von draußen klang plötzlich ein Pfeifen. Die drei horchten auf. Das Pfeifen wurde beantwortet, und nach wenigen Augenblicken steigerte es sich zu einer vielstimmigen Melodie.

Franz, Jojo und Hannes schleppten sich zu ihren Strohsäcken und hörten das Lied. Es war das gleiche Lied, das auch sie gepfiffen hatten. Ihre Körper loderten, aber die Melodie linderte den Schmerz.

„Ruhe da!" hörten sie ein wütendes Brüllen. Es war der Stoppelbärtige.

Das Lied verebbte. Noch ein paar pfeifende Kommentare, dann war es wieder still.

Vorsichtig zogen sie ihre Hemden aus und untersuchten ihre Wunden. An einigen Stellen war die Haut aufgeplatzt. Das rohe Fleisch darunter brannte. Arme, Brust und Rücken schimmerten rot und blau. Noch wochenlang würden ihnen die Schmerzen den Schlaf rauben und ihre Bewegungen an die von Greisen erinnern.

Am Nachmittag wurde die Tür geöffnet. Sie bekamen ein Eßgeschirr und etwas zu essen: eine lauwarme Suppe, zwei Scheiben Brot, Butter und Kaffee. Ausgehungert stürzten sie sich auf das Essen und schlangen es hinunter. Sie spürten, wie eine wohlige Wärme durch ihre Körper flutete und sie belebte. Sie fühlten sich wieder stark und waren sicher, jedem weiteren Angriff widerstehen zu können.

In der zweiten Nacht im Gefängnis weckte der Wärter sie mit lautem Gebrüll. Er nannte Franz' Namen und forderte ihn auf mitzukommen. Benommen wankte Franz hinter ihm her. Er wurde ins Untergeschoß in einen kleinen Raum gebracht, wo ihm eine grelle Lampe direkt ins Gesicht strahlte. Er hob geblendet die Hand und nahm die Umrisse eines Mannes wahr, der hinter einem Schreibtisch saß.

„Hinsetzen!" befahl der Mann. Es war Funkes Stimme. Irgendwo hinter dem Schreibtisch stand sicher auch Mansfeld, vermutete Franz und kniff die Augen zusammen. Doch die gleißende Wand aus Licht, hinter der sich Funkes Stimme verbarg, ließ ihn nichts erkennen.

Aus dem Licht kamen Fragen, ständige Wiederholungen anklagender Worte, ein wenig ungeduldiger und schneidender als in der Gestapo-Zentrale. Er sei identifiziert worden, gab Funke vor. Es habe keinen Zweck mehr zu leugnen, daß er einer verbotenen Jugendorganisation angehöre.

Franz blieb bei seinen Aussagen. Nun würden wieder Schmerzen auf ihn zu kommen, da war er sicher. Bestimmt grinste Mansfeld jetzt schon wieder und rieb sich die ständig aufgescheuerten Knöchel seiner Hände. Vielleicht noch zwei Leugnungsversuche, dann würde eine Faust aus dem Licht auf ihn zu schießen, dachte Franz.

Aber die Schmerzen blieben aus. Funkes Hand schob ihm statt dessen einige Formulare zu, die Franz unterschreiben sollte.

„Deine Aussage", erklärte Funkes Stimme, während die Hand die Blätter überdeckte und auf die Stellen wies, wo Franz mit seinem Namen unterzeichnen sollte. Franz schrieb. Als er den Federhalter zur Seite legte, betrachtete er seinen Namenszug. Ungewohnte Unebenheiten in der Schrift, stellte er fest. Fremde Buchstaben mit entstellenden Überbeinen: Verletzungen am Körper und auf der Seele.

Man brachte ihn wieder in die Zelle zurück und führte Jojo zum Verhör. Eine knappe Stunde später holten sie Hannes.

Auch die nächste Nacht begann auf die gleiche Weise. Fragen aus dem Licht, eine Nuance ruhiger, als wäre die Stimme sich ihrer Sache bereits sicher.

Dann aber schob Funkes Hand einige Fotos über den Schreibtisch. Eines der Bilder zeigte Franz. Sein Lächeln war ein wenig unscharf geraten, doch man erkannte, daß es sich um eines der Treffen im Park handelte. Manni und Marianne saßen neben ihm, ein Gitarrenhals ragte von der linken Seite in das Foto hinein.

„Wie du siehst, sind wir bestens informiert", bemerkte Funke.

Er verteilte weitere Fotos auf dem Schreibtisch. Franz schob den Kopf vor, das Blut rauschte ihm in den Ohren. Die Kehle wurde ihm eng, als er die grobkörnigen, schwarzweißen Abbilder von Klaus, Toni, Gerhard und einem guten Dutzend anderer Navajos sah.

„Sieh dir das genau an“, hörte er Funkes Stimme. „Du wirst mir nachher sagen, wen du auf den Fotografien erkennst.“

Franz starrte auf die Bilder. Er hörte, wie hinter dem Schreibtisch ein Stuhl gerückt wurde. Schritte gingen um den Schreibtisch herum, traten hinter ihn und verharrten einen Moment lang. Dann entfernten sie sich. Eine Tür wurde geöffnet und leise wieder geschlossen. Funke hatte den Raum verlassen.

War Franz allein? Ohne den Kopf zu wenden versuchte er, aus den Augenwinkeln die bedrückende Stille zu durchdringen. Die grelle Lampe auf dem Schreibtisch verursachte Schweiß auf seiner Stirn.

Franz tat konzentriert. Er nahm eines der Fotos, prüfte es einige Sekunden lang und legte es achtlos zur Seite. Er betrachtete das nächste Gesicht, schüttelte den Kopf, ließ den Blick mal ruhen, mal flüchtig vorübergleiten und gab sich Mühe, den Eindruck ernstgemeinter Zusammenarbeit entstehen zu lassen. Von irgendwoher fixierte ihn ein wachsamer Blick, das spürte er. Vielleicht hinter dem Licht, vielleicht hinter seinem Stuhl.

Die Fotos von Toni, Manni und Marianne sortierte er heraus und legte sie vor sich auf den Schreibtisch. Sicher wußte Funke, daß er mit Manni seit Jahren befreundet war, und auch Marianne würde er kaum verleugnen können. Zugeben, was sie ohnehin schon wissen, dachte Franz. Vielleicht machte ihn dies glaubwürdig.

Langsam lehnte er sich zurück und faltete die Hände über dem Bauch. Die Zeit schien stehenzubleiben in diesem Raum. Keine Bewegung, kein Geräusch erlaubte eine Orientierung.

Die Tür wurde wieder geöffnet. Ruhige Schritte näherten sich, ein Schatten ging um den Schreibtisch herum. Franz setzte sich aufrecht.

„Nun?" Funkes Stimme klang erwartungsvoll.

„Die hier kenne ich", tippte Franz mit dem Finger auf die drei Fotos.

Funkes Hand griff die Bilder und verschwand mit ihnen hinter dem Licht.

„Mit diesem Manfred bist du seit langem befreundet, nicht wahr?"

„Seit ein paar Jahren", nickte Franz.

„Hat eine Menge Dreck am Stecken", behauptete Funke.

Franz schwieg.

„Und was ist mit dieser Halbjüdin?" fuhr Funkes Stimme fort. „Du hast was mit ihr, stimmt's?"

Franz blickte stumm in das grelle Licht.

„Weißt du, wie man so etwas nennt?" klang Funkes Stimme drohend. „Das ist Rassenschande. Aber dieses Problem werden wir auch bald gelöst haben."

„Sie ist genau so ein Mensch wie ich", entfuhr es Franz.

Er nahm kaum die Schritte hinter sich wahr, die auf ihn zu stürzten. Instinktiv zog er den Kopf zwischen die Schultern, als auch schon ein rasender Schmerz über ihn herfiel.

„Halt deine dreckige Fresse!" brüllte jemand und schlug nochmal zu: der Stoppelbärtige mit dem Schlauch.

Franz schrie auf und krümmte sich. Die Schritte des Stoppelbärtigen entfernten sich wieder und verstummten in der Nähe der Tür. Er mußte schon während des gesamten Verhörs dort gestanden haben.

„Und dieser hier", sagte Funkes Stimme und meinte Toni, „ist Kommunist. Ist seit ein paar Monaten untergetaucht und wahrscheinlich gar nicht mehr in der

Stadt. Hast du eine Ahnung, wo er sich versteckt halten könnte?"

„Nein", erwiderte Franz. „Ich kenne ja noch nicht einmal seinen Namen. Und daß er Kommunist ist, wußte ich auch nicht. Ich habe ihn nur zwei- oder dreimal im Park gesehen."

Franz war erleichtert. Sie wußten nicht einmal, daß Toni bereits tot war. Sie tappten im dunkeln. Das alles hier war reines Theater, reine Spekulation.

Funkes Hand suchte in den übrigen Fotografien und griff das Bild von Klaus heraus.

„Was ist mit dem hier?"

„Den kenne ich nicht", antwortete Franz.

„Du bist mit ihm gesehen worden."

„Aber ich weiß nicht, wer das ist", beteuerte Franz.

Hinter ihm kamen wieder Schritte auf ihn zu. Er zog den Kopf ein, doch Funkes Hand gebot dem Stoppelbärtigen Einhalt.

„Was ist mit den anderen?" fragte Funkes Stimme.

„Es kann sein, daß sie mir mal über den Weg gelaufen sind", zuckte Franz die Schultern. „Aber ich kenne niemanden von ihnen."

Funkes Hände zogen sich hinter das Licht zurück. Franz hörte einen Federhalter über das Papier kratzen. Dann verlangte Funke seine Unterschrift.

Zwei Nächte später wurde Franz erneut in das Verhörzimmer gebracht. Die Lampe war jetzt auf den Schreibtisch gerichtet und blendete ihn nicht mehr. Neben dem Schreibtisch standen Mansfeld und der Stoppelbärtige mit dem Schlauch. Mansfeld hatte die Arme verschränkt und grinste.

„Du hast also Flugblätter verteilt", begann Funke gelassen und schaute Franz abwartend an.

„Ich soll Flugblätter verteilt haben?" erwiderte Franz entgeistert.

„Wir haben die Aussagen deiner Freunde“, blieb Funke ruhig und reichte ihm einige beschriebene Blätter. „Sie sind unterschrieben.“

Franz starrte auf die Formulare, auf denen man ihn beschuldigte, Flugblätter verteilt zu haben. Er erkannte Mannis Unterschrift. Hatte ihn der Freund unter der Folter verraten? Franz schluckte.

„Das ist gelogen“, sagte er mit rauher Stimme. „Damit habe ich nichts zu tun.“

Schon stürzten Mansfeld und der Stoppelbärtige auf ihn zu. Mansfeld trat ihm in die Seite, Franz kippte vom Stuhl. Er schnappte nach Luft. Schlauchhiebe brannten auf seiner Haut, ein Fuß traf ihn in den Unterleib. Er schrie und wälzte sich auf dem Boden, aber seine Folterer verfolgten ihn mit wütenden Beschimpfungen. Unablässig schlugen und traten sie auf ihn ein, bis eine lindernde Ohnmacht ihn endlich von den Schmerzen befreite.

Franz spürte, daß ihm jemand die Wangen tätschelte. Müde öffnete er die Augen und blickte in Mansfelds grinsendes Gesicht. Der holte aus und gab ihm eine Ohrfeige.

„Raus mit ihm!“ hört er Funke.

Man schleppte ihn zurück in die Zelle, wo er sich stöhnend auf seinen Strohsack sinken ließ.

„Ich bin erledigt“, sagte er und stierte blicklos die gegenüberliegende Zellenwand an. „Sie haben ein paar Aussagen, die mich belasten.“

„Moment mal“, wurde Jojo hellhörig. „Was für Aussagen?“

„Daß ich Flugblätter verteilt habe“, sagte Franz. „Ich hab' sie gesehen.“

„Ich glaube nicht, daß irgendeiner von uns dich verpfiffen hat“, schüttelte Jojo den Kopf. „Das war ein Trick.“

„Aber sie waren unterschrieben“, entgegnete Franz.

„Kann ja sein", sagte Jojo. „Wieviele Papiere mußtest du am Ende der Verhöre immer unterschreiben?"

„Vier, glaube ich."

„Siehst du. Eines der Blätter war leer. Das machen sie, um uns reinzulegen. Sie haben die Unterschrift und brauchen nur noch irgendeine Aussage darüber zu schreiben. Hast du's zugegeben?"

„Natürlich nicht", sagte Franz und atmete auf. „Ich dachte schon, es wäre alles aus."

Noch zweimal wurde er nachts aus dem Schlaf gerissen, um von Funke verhört zu werden. Sein Körper war übersät mit Spuren von Mansfeld und dem Stoppelbärtigen. Schließlich reichte ihm Funke ein farbiges Formular.

„Morgen früh wirst du entlassen. Es ist nur noch eine kleine Formalität zu erledigen."

„Was ist das?" blinzelte Franz auf das Schriftstück.

„Eine Erklärung, daß du über deinen Aufenthalt hier im Gefängnis Stillschweigen bewahrst und daß du von der Gestapo gut behandelt worden bist", erklärte Funke mit hochgezogenen Augenbrauen.

„Das unterschreibe ich nicht", trotzte Franz.

„Wie du willst", sagte Funke. „Wir haben genügend Zeit. Du kannst es dir ja überlegen."

In der Zelle war Franz allein. Er saß auf dem Strohsack und schaute auf das Stück vergitterten Himmel gegenüber. Seine Augen ruhten sich darauf aus und genossen das sanfte Blau und die Nachgiebigkeit der vorüberziehenden weißen Wolken. Wie gut dieser Frieden tat.

Die Tür wurde aufgesperrt. Jojo und Hannes wurden in die Zelle gestoßen. Sie torkelten benommen zu ihren Strohsäcken und sackten in sich zusammen. Ihre Gesichter waren blutüberströmt.

„Mein Gott!" sprang Franz auf, aber Hannes hob abwehrend die Hand.

„Ist schon gut“, stöhnte er. „Ist halb so schlimm.“

Er schloß die Augen und lehnte den Kopf an die Wand. Sein Mund stand halboffen und Franz sah, daß man ihm zwei Zähne ausgeschlagen hatte.

„Mach, daß du so schnell wie möglich hier rauskommst“, sagte Hannes leise. „Erzähle denen da draußen, was sie mit uns hier machen.“

„Ich werde euch doch hier nicht alleine lassen“, sagte Franz.

„Spiele nicht den Märtyrer“, öffnete Hannes die Augen und schaute Franz an. „Im Gefängnis kannst du nichts für uns tun. Du mußt hier raus.“

Franz blickte zu Jojo, der ihm müde zustimmte.

Wenig später saß Franz vor Funkes Schreibtisch und setzte seine Unterschrift unter die Erklärung.

Am nächsten Morgen wurde er auf den Gefängnishof gebracht, wo schon mehrere Navajos versammelt waren. Auch Manni war unter ihnen. Sein Gesicht erschien durch die gebrochene Nase ein wenig schief, aber er lächelte.

Franz blickte sich um. Einige Freunde fehlten. Er suchte die Reihen der Zellenfenster ab. Dort oben standen sie, die Köpfe an die Gitter gelehnt, erschöpft und zerschunden. Er erkannte Hannes und Jojo. Hannes streckte den Arm durch das Gitter und zeigte ihm die geballte Faust. Franz nickte ihm zu, sein Blick verschwamm. Dann setzten sie sich in Bewegung und wurden durch das Tor geführt, das eine ungewisse Freiheit versprach.

XIII

Im Februar 1943 wurde Kommissar Köpke zur Gestapo abkommandiert. Sein Büro im KD-Haus war wesentlich größer als sein Zimmer im Polizeipräsidium. Seine Akten, allesamt Resultate seiner bisherigen Ermittlungen, füllten hier nur die Hälfte der Regale. Aber es würde schon bald sehr viel Arbeit anfallen, da war er sicher. Die Bekämpfung des politischen Widerstandes und des Bandenwesens hatte man ihm übertragen. Ja, in diesen Dingen war er Experte, das jahrelange Zusammentragen selbst kleinster Spuren und Fakten hatte sich gelohnt.

Köpke lehnte sich in seinem Stuhl zurück und schaute nachdenklich aus dem Fenster. Die Gestapo-Zentrale war ein Ort, der einem Größe und Bedeutsamkeit verlieh. Der Erfolg würde sich gleichsam von selbst einstellen. Die Zeitungen würden über ihn schreiben. So wie über den Einsatz der Gestapo in München. Eine ganze Gruppe von Widerstandskämpfern hatte man dort erst vor wenigen Tagen zerschlagen. Die Anführer verhaftet und vier Tage später hingerichtet. Das war Erfolg.

Er betrachtete die Aktendeckel im Regal. Wahre Schätze hatte er dort gesammelt. Das war nicht nur ein Archiv. Daten, Fotos, Identitäten, Lebensläufe, die nur darauf warteten, vervollständigt und dann vernichtet zu werden. In diesen Akten waren die Feinde des Reiches bereits verhaftet und gefangen und harrten ihrer Hinrichtung.

Er würde Josef einen guten Posten verschaffen, nickte Köpke. Vielleicht auch Schunkel. Den konnte man auch immer wieder gebrauchen. Die beiden erledigten ihre Aufgaben gut. Josef eifrig und ehrgeizig, Schunkel eher bemüht und geistig ein wenig schwerfällig, aber durchaus brauchbar. Und mit so vielen Leuten, die die Gestapo seiner Abteilung nun zur Verfügung stellte, war der entscheidende Schlag nur eine Frage der Zeit.

Die Schläge, die sie im Haus der Jensens planten, mochten nicht entscheidend sein, aber sie waren schmerzhaft. In seiner HJ-Uniform war Wolfgang zum Büro der NSDAP-Ortsgruppe gegangen, hatte sich über die Bedingungen einer Parteimitgliedschaft informiert und dabei in den Räumen umgesehen. Unter einem der Fenster, die auf die Straße mündeten, lagen große Stapel von Schreibmaschinenpapier. Die Fenster waren vergittert, die Türen mit massiven Sicherheitsschlössern versehen. Ein Eindringen war unmöglich.

„Aber ein Brandanschlag wäre möglich“, erläuterte Wolfgang. „Wenn man eine Brandflasche durch das rechte Fenster wirft, landet sie genau auf den Papierstapeln. Da breitet sich das Feuer im Nu aus.“

Schon während des nächsten Fliegeralarms sollte der Anschlag durchgeführt werden. Sie gingen in den Kellerraum, wo Jensen schon vor Jahren das Versteck im Boden eingerichtet hatte. Sie schoben den Schrank zur Seite und öffneten die Holzdecke. Im fahlen Licht kamen Karabiner zum Vorschein, vier Pistolen und mehrere Schachteln mit Patronen. Klaus bückte sich und griff eine Pistole.

„Greift zu, solange der Vorrat reicht“, bot er sie den anderen an.

Wolfgang nahm sie und befühlte nachdenklich das kalte Metall, während Klaus auch die übrigen Pistolen hervorholte. Johannes zögerte, bevor er zugriff, und schließlich beschloß auch Manni, sich mit einer Waffe auszurüsten. Die letzte Pistole behielt Klaus, der nun auch die Munition austeilte.

„Gebraucht sie nur im äußersten Notfall", mahnte Jensen.

Noch am gleichen Abend zapften Manni und Franz Benzin aus dem Tank eines abgestellten Autos. Marianne überwachte das Unternehmen von der gegenüberliegenden Straßenseite aus. Aber niemand störte die Vorbereitungen.

Die Sirenen erhoben ihre warnenden Stimmen zwei Nächte später. Die ersten Bomben fielen, und eine Querstraße vom Büro der Ortsgruppe entfernt trafen in einer Toreinfahrt mehrere Gestalten zusammen, die den Rest des Weges gemeinsam gingen. Festgetretener Schnee überdeckte die Gehsteige mit einem schmutzigen Braun.

Gerhard und Manni übernahmen die Wachen an den Straßenkreuzungen. Die anderen vier gingen mit schnellen Schritten zum NSDAP-Büro. Franz trug die Tasche mit den beiden Benzinflaschen. Sie klirrten ein wenig, als er sie vor dem Gebäude aufs Pflaster stellte und die Korken herauszog. Klaus nahm zwei Stoffstreifen aus der Jackentasche, tränkte sie mit Benzin und stopfte sie in die Flaschen. Die Freunde schauten sich noch einmal um. Niemand war auf der Straße zu sehen, die Bomben hatten alle in die Bunker gejagt.

Klaus und Wolfgang griffen nach den Flaschen. Sie entfernten sich einige Schritte und machten sich zum Wurf bereit. Johannes fingerte eine Schachtel Streichhölzer hervor. Franz trat zur Seite. Ein leises Fauchen, ein schwacher Lichtschein zwischen den Händen von Johannes. Die erste Flamme kletterte den schlaffen, benzingetränkten Stofflappen hinauf.

Unvermittelt wurde die Tür des Parteibüros aufgerissen. Vier Uniformierte sprangen heraus.

Die Zeit gefror. Franz stand steif, starrte die HJler an, dann Klaus und Wolfgang. Die Flammen hatten nun den Flaschenhals erreicht. Niemand rührte sich.

„Werft die Dinger weg!“ hörte Franz sich schreien.

Eine gelbe Flamme schnellte auf eines der Fenster zu. Ein Klirren, ein dumpfe Explosion. Flammenwolken quollen durch die zersplitterten Scheiben. Noch eine Explosion. Wolfgang hatte die zweite Flasche geworfen.

Die Straße war hell. Klaus erkannte Schunkel und Josef, der mit ausgestrecktem Arm auf ihn zeigte.

„Schnappt euch den Kommunisten!“ brüllte Josef.

Sie stoben auseinander. Jetzt war nur Flucht, und jeder war auf sich allein gestellt. Wenn es ein Entkommen geben sollte, mußte es jeder auf eigene Faust versuchen.

Franz rannte. Hinter ihm Schreie, der Klang von schnellen Stiefelschritten. Er ließ die Tasche fallen. Er hatte fast die Kreuzung erreicht, als er Manni sah, der lauernd auf die Straße trat, die Pistole in der Hand.

„Lauf!“ keuchte Franz. „Die sind hinter uns her! Weg hier!“

Manni lief. Zuerst ein Stück neben Franz, dann verschwand er in der nächsten Seitenstraße, ohne sich noch einmal umzublicken.

Obwohl nicht weit entfernt die Bomben einschlugen und Flakfeuer die Nacht zerstückelte, nahm Franz nur den Widerhall seiner fliehenden Schritte wahr. Die Bomben waren jetzt unwichtig. Es zählte jeder Meter, den er zwischen sich und den Verfolgern zurücklegte. Sein Atem brannte in den Lungen, er schmeckte Blut.

Er hörte Schüsse. Aber nicht das Rattern einer Flak war das, sondern einzelne, hell klingende Pistolenschüsse.

Außer Atem stürzte Franz in einen Hauseingang und preßte sich gegen die Tür. Sie beschossen sich!

Er schob den Kopf vor und schaute auf die Straße. Nichts. Niemand, der ihn verfolgte. Nur ferne Schüsse. Er hatte es geschafft.

Klaus drehte sich um, ohne anzuhalten. Zwei Uniformierte hetzten hinter ihm her, aber sein Vorsprung war größer geworden. Noch ein, zwei Querstraßen weiter, und er würde ihnen entkommen sein.

Er bog in die nächste Seitenstraße, hielt aber plötzlich inne. Eine Flakstellung harrte dort ihres Einsatzes und versperrte ihm den Weg. Deutlich sah er zwei Stahlhelme im Widerschein der Leuchtfeuer.

Er machte kehrt und rannte weiter. Die Schritte seiner Verfolger dröhnten in seinen Ohren. Klaus war schnell und vergrößerte die Entfernung zu ihnen Meter um Meter, doch spürte er auch die sich ankündigende Erschöpfung, die seine Beine schwerer werden ließ. Sein Brustkorb schmerzte. Er drehte sich noch einmal um.

Seine Verfolger ließen nicht von ihm ab. Mit angedrillter Ausdauer holten sie langsam auf.

Da ein Schuß! Ein Querschläger von der Hauswand. Klaus duckte sich und schlug Haken, aber das machte ihn langsamer. Seine Hand fuhr in die Jackentasche und griff nach dem kalten Metall. Im Laufen lud er die Pistole durch.

Wieder ein Schuß. Auf dem Straßenpflaster spritzte ein Funke auf. Ohne sich umzuwenden schoß Klaus nach hinten und sprang dann in einen Hauseingang. Mehrere Kugeln schlugen neben ihm ein.

Klaus ging in die Knie, wartete einen Augenblick, streckte den Kopf aus der Deckung und schoß. Die beiden Uniformierten duckten sich hinter ein Auto.

Klaus zielte und drückte ab. Die Frontscheibe des Autos zersplitterte. Zwei Schüsse antworteten ihm. Er wich zurück, erwiderte dann aber das Feuer. Hinter dem Auto blieb es ruhig. Mit vorgehaltener Pistole wartete er ab. Sein Atem war flach.

Dann eine Bewegung. Klaus schoß. Ein Schrei. Ein Körper fiel nach vorne und wälzte sich auf dem Boden. Klaus drückte noch einmal ab, doch ein leises Klicken bedeutete ihm, daß das Magazin leergeschossen war. Hastig tastete er in seiner Jackentasche nach der Ersatzmunition. Es schien eine Ewigkeit zu dauern. Seine Hände zitterten.

Endlich! Er lud durch, stand auf und zielte erneut auf den Wagen. Der Körper war nicht mehr da. Klaus feuerte und sprintete los. Bis zur nächsten Hausecke mußte er es schaffen. Sie schossen auf ihn. Die Kugeln sirrten über ihn hinweg oder schlugen aufs Pflaster. Funken spritzten auf.

Klaus warf sich zu Boden, rollte ab, schoß in Richtung des Autos, war gleich wieder auf den Beinen und rannte, den Oberkörper tief nach vorne gebeugt. Er verschwand hinter der Hausecke, preßte sich gegen die Wand und schaute zurück. Er zielte sorgfältig und drückte ab. Das Heckfenster des Wagens zersplitterte. Niemand beantwortete sein Feuer. Respektvoll blieben sie in Deckung.

Klaus wandte sich ab und lief. An der nächsten Kreuzung drehte er sich noch einmal um, aber er war allein. Er hatte sie abgeschüttelt.

„Stehenbleiben!" brüllte Josef. „Bleib stehen oder ich schieße!"

Aber Johannes hetzte weiter. Sein Herz raste vor Angst. Stehenbleiben: das wäre sein Tod, wußte er. Einen Juden, der Sabotage verübt hatte, würden sie sofort aufhängen!

Johannes blickte nach hinten. Sie waren zu zweit, aber der dickere von beiden wurde langsamer, er fiel zurück.

Durchhalten! war sein einziger Gedanke. Nur ein paar Minuten noch die Qualen dieser Anstrengung aushalten! Er durfte seinem Körper nicht erlauben, zu ermüden und ihn seinen Jägern auszuliefern!

„Stehenbleiben, du Dreckskerl!" schrie Josef wieder.

Dann ein Schuß. Johannes zuckte zusammen, stolperte, rannte aber weiter. Er riß die Pistole aus der Jakkentasche, ging neben einer Laterne in die Knie und feuerte. Er sah, wie sich der Uniformierte zur Seite warf und über den Boden rollte, drehte sich wieder um und lief.

„Ich bring dich um, du Schwein!" hörte er es hinter sich brüllen.

Sein Herzschlag dröhnte Johannes in den Ohren. Der Atem pfiff durch die zusammengebissenen Zähne. Er warf einen Blick zurück. Der dicke Uniformierte war nicht mehr zu sehen. Vielleicht war das seine Chance!

Die Leuchtfeuer der Flak zeigten ihm den Park. Noch hundert Meter, dann würde er den Schutz von dichten Büschen und schattenwerfenden Bäumen erreicht haben. Das mußte die Rettung sein!

Johannes hörte die wütenden Schüsse. Auf dem Pflaster und an der Hauswand schlugen Kugeln ein. Da rammte eine Faust in seinen Oberschenkel, der plötzlich wie betäubt schien. Er verlor das Gleichgewicht, versuchte, den Sturz aufzuhalten, warf die Arme nach vorne und schlug auf das Pflaster. Die Pistole entglitt ihm und rutschte ins Dunkel.

Stöhnend kam Johannes wieder hoch und blickte auf seine Beine. Er war verletzt, der Muskel hielt seinem Gewicht nicht mehr stand. Mit rasselndem Atem schleppte Johannes sich weiter. Fünfzig Meter noch. Der Park war seine Hoffnung.

Durch den rasenden Puls in seinem Kopf klang ein anderer Rhythmus: die schnellen Schritte seines Verfolgers. Nicht umdrehen! Weiterlaufen!

Aber sein verletztes Bein gehorchte ihm nicht mehr. Wie eine überflüssige und entbehrliche Last schleifte er es mit sich, hüpfte vorwärts, kindgleich, in einem verzweifelten Spiel um sein Leben.

Sein Puls wurde lauter, schlug heftiger. Johannes spürte einen harten Schlag auf die Schulter. Er brach zusammen. Ein plötzlicher Schmerz machte ihn blind. Ein bunter Sternenregen schien ihn zu überschütten.

Die Kälte des Schnees in seinem Gesicht ließ ihn wieder zu Bewußtsein kommen. Eine Stimme schlug auf ihn ein. Johannes spürte Tritte in die Seite.

Stöhnend drehte er sich auf den Rücken und hob die Arme schützend über den Kopf.

„Du miese Sau!" spuckte Josef und trat wieder zu. „Ich mach dich fertig!"

Der Körper unter ihm krümmte sich und versuchte den Mißhandlungen auszuweichen. Aber Josefs Stiefelabsätze fanden immer wieder ihr Ziel. Sie stampften in die Gedärme ihres Opfers, zersplitterten seine Knochen und badeten in seinem Blut.

Josef raste. Ein barbarischer Haß hatte in ihm sein Objekt gefunden. Sein kurzgeschorener Schädel dampfte, er keuchte vor Wut und Anstrengung.

Plötzlich hielt er inne und starrte auf die Pistole in seiner Hand. Sie zitterte. Josef fuhr herum. Er erkannte Schunkel, der erschöpft und schwerfällig auf ihn zu lief. Dann nahm er ein schwaches Murmeln wahr. Er blickte wieder auf den Verletzten zu seinen Füßen und stutzte.

Das war ein Gebet! Ein hebräisches Gebet!

„Elendes Judenschwein!" fauchte Josef. Sein Gesicht verzerrte sich. Er hob die Pistole.

„Verrecke, du Judensau!" spie er und schoß.

Das Gebet verstummte. Langsam entspannte sich Johannes' gekrümmter Körper. In seinem Gesicht klaffte ein häßliches Loch, aus dem das Blut hervorschwappte.

Keuchend kam Schunkel herbeigelaufen und blieb vor Josef stehen. Fassungslos starrte er auf die Leiche, unter der sich eine rote Lache ausbreitete.

„Was hast du getan?“ entfuhr es Schunkel.

„Ich hab' das Judenschwein fertiggemacht!“ sagte Josef kalt.

„Du hast ...“, schluckte Schunkel, „... du hast ihn umgebracht.“

„Er war ein Saboteur“, blieb Josef ungerührt. „Ein Volksfeind. Man hätte ihn ohnehin aufgehängt.“

„Aber ...“, stammelte Schunkel. Sein Blick irrte zwischen Johannes und Josef hin und her. „Das ist doch ...“

„Jetzt mach dir nicht gleich in die Hose!“ wurde Josef unwirsch und steckte die Pistole weg. „Wir haben von Kommissar Köpke einen klaren Auftrag erhalten: Streife gehen, beobachten, gefährdete Gebäude überwachen. Und wenn wir im Einsatz bedroht werden ...“ nickte er selbstbestätigend und wandte sich ab. Seine Absätze knallten aufs Pflaster. Schunkel blickte noch einmal auf den Toten und lief ihm dann hinterher. Über der Stadt tobte noch immer der Fliegerangriff.

„Die Sache bleibt natürlich unter uns“, sagte Josef. Schunkel neben ihm hatte Mühe, Schritt zu halten.

„Sicher“, sagte Schunkel nur.

„Das war erst der Anfang.“ Josefs Stimme klang schneidend. „Die Feinde des Reiches werden noch viel mehr bluten. Ausrotten werden wir sie!“

XIV

Christian stellte sich vor die Maschine, zog seine Jacke aus und hielt sie ausgebreitet vor seinen Körper. Er betrachtete sie prüfend, als suche er ein Loch oder einen Fleck, jedenfalls etwas, das nicht zu seiner Jacke gehörte.

In seinem Rücken holte Franz hastig zwei Konservendosen aus den Taschen und gab sie dem Russen, der sie rasch in seiner Hose verschwinden ließ und sich sofort abwandte.

„Alles klar", raunte Franz, und Christian zog seine Jacke wieder an.

„Das war meine letzte Aktion in diesem Bau", sagte Christian, ohne Franz anzuschauen. „Ab nächste Woche arbeite ich wieder im Hauptgebäude."

„Glückspilz", lächelte Franz. „Mich lassen sie wahrscheinlich bis in alle Ewigkeit hier schmoren."

„Höchstens tausend Jahre", meinte Christian ironisch. „Länger geben sich die Nazis doch selbst nicht."

Christians ständige, durch nichts zu trübende Fröhlichkeit hatte Franz über die Niedergeschlagenheit hinweggeholfen, die ihn während der Schinderei in der Fabrik immer wieder einholte. Ein aufmunterndes Lächeln, ein Schulterklopfen, ein paar Worte der Ermutigung: stets hatte er ein geeignetes Mittel bereit, ihm die Last ein wenig von den Schultern zu nehmen.

Obwohl sich Franz an die schwere Arbeit gewöhnt hatte, schmerzte ihm jeden Abend sein Rücken. Auch nach diesem Tag hatte er das Gefühl, nicht mehr aufrecht gehen zu können. Doch schon wenige Minuten, nachdem er mit Christian die Fabrik hinter sich gelassen hatte, fühlte er sich leichter. Das Leben kehrte in ihn zurück bei dem Gedanken, seine Freunde und Marianne zu treffen. Das war wie ein Sonntagsessen, wie ein Glas Wasser nach tagelangem Marsch durch die Wüste.

Vor dem Schuhmann-Bunker standen sie und sangen unverhohlen ihre Lieder. Auch aus anderen Teilen der Stadt waren Gruppen gekommen, die Stimmung war ausgelassen. Im Rhythmus der Gitarren stampften sie sich ihre Füße warm und amüsierten sich über die Passanten, die die Straßenseite wechselten oder mit eingezogenem Kopf vorbeihuschten, um jedem Verdacht vorzubeugen, mit diesem verbotenen Treiben zu tun zu haben.

Franz trat zu Marianne und gab ihr einen flüchtigen Kuß. Sie lächelte ihn an, nahm seine Hand und schmiegte sich an ihn. Leise summte er die Melodie des Liedes mit, als er spürte, daß sie zitterte. Er stutzte und blickte Marianne an.

„Warum weinst du?" fragte er überrascht.

„Es ist soweit", erwiderte Marianne leise. „Meine Eltern haben beschlossen, aus Deutschland fortzugehen."

Franz schaute sie schweigend an. Marianne erriet seine Frage.

„Ich gehe nicht mit", schüttelte sie den Kopf.

„Aber wenn dein Vater fort ist, wird es gefährlich für dich", gab Franz zu bedenken. „Du bist Halbjüdin."

„Ich paß schon auf mich auf", lächelte Marianne gezwungen. „Ich werde nicht mehr zu Hause wohnen."

Franz hatte verstanden. Er umarmte Marianne und preßte sie fest an sich.

„Wann gehen deine Eltern fort?" fragte er.

„Nächste Woche", erwiderte Marianne. „Es ist schon alles vorbereitet. An der holländischen Küste wird sie ein Schiff erwarten und nach England hinüberbringen."

„Wie wollt ihr in Verbindung bleiben?“ fragte Franz. „Wie wollt ihr ...“

„Wenn wir uns überhaupt jemals wiedersehen“, unterbrach ihn Marianne, „dann erst nach dem Krieg. Wir können vielleicht über eine Flüchtlingsorganisation Kontakt aufnehmen. Aber solange noch Krieg ist“, seufzte sie, „wird keiner vom anderen wissen, ob er überhaupt noch lebt.“

„Es tut mir leid“, sagte Franz leise.

„Du solltest dich darüber freuen“, versuchte Marianne zu lächeln. „Schließlich bleibe ich bei dir.“

„Darauf werde ich mir jetzt jede Menge einbilden“, sagte Franz mit ironischem Unterton und beugte sich vor, um sie zu küssen, als ihnen der Fliegeralarm in die Glieder fuhr. Die Musik brach ab.

„Das wird heute aber im Bunker eng werden“, sagte Manni laut und grinste den beiden zu. „Aber das kann euch ja nur recht sein.“

Sie drängten zum Bunkereingang, doch Marianne hielt Franz zurück.

„Nun komm schon“, forderte Franz sie auf. „Sonst sind die besten Plätze vergeben.“

„Ich möchte nicht in den Bunker“, sagte Marianne.

„Wie bitte?“ Franz war erstaunt und trat näher. „Ist irgend etwas für heute nacht geplant?“ flüsterte er.

„Wie man's nimmt“, schaute Marianne ihn an. „Ich möchte jetzt mit dir alleine sein.“

„Das wird schwierig sein während eines Fliegerangriffs“, lächelte Franz.

„Wir könnten zu dir nach Hause gehen.“

Franz überlegte. Er war unschlüssig.

„Das ist gefährlich“, meinte er.

„Wir haben schon viel gefährlichere Dinge getan, findest du nicht?“ blieb Marianne hartnäckig.

„Also gut“, gab Franz endlich nach. „Aber wir sollten uns beeilen.“

Er gab Manni ein Zeichen, dann liefen sie los. In der Ferne waren schon die ersten Bombeneinschläge zu hören, und als Franz die Tür zur Wohnung aufschloß, dröhnten am Himmel bereits die angreifenden Flugzeuge. Das Haus erzitterte, doch die beiden zuckten unter den Detonationen schon lange nicht mehr zusammen.

Franz führte Marianne an der Hand in sein Zimmer. Er schob die Vorhänge zur Seite und schaute aus dem Fenster. Wenn er die Leuchtfeuer richtig deutete, zog der Angriff im Westen der Stadt an ihnen vorbei.

Marianne schmiegte sich an ihn, er umarmte sie. Ihre Lippen strichen an seiner Wange entlang und suchten seinen Mund. Sie seufzte leise, als ihre Zunge einen Spielgefährten fand. Langsam ging sie rückwärts. Franz folgte ihr, ohne von ihren Lippen zu lassen. Sie sanken auf das Bett.

Marianne legte sich auf ihn. Er preßte sie fest an sich und spürte ihre Hitze. Langsam ertasteten sich seine Hände einen Weg unter ihre Bluse. Behutsam kreisten sie über die Haut, erforschten die widerstandslose Glätte und stellten vorsichtige Fragen. Marianne antwortete, indem sie sich aufrichtete und mit ruhigen Bewegungen die Knöpfe ihrer Bluse öffnete. Unter der weißen Spitze zeichneten sich ihre vollen Brüste ab. Sie schaute Franz mit ernstem Blick an, während sie die Bluse auf den Boden fallen ließ und dann den Rock auszog. Franz setzte sich auf. Mariannes Hände verschwanden hinter ihrem Rücken und verweilten dort einen Augenblick. Marianne streifte die Spitzen ab.

Ihre Lippen zitterten, als sie Franz sanft auf das Bett zurückdrückte und damit begann, sein Hemd aufzuknöpfen. Franz streichelte ihre Brüste. Sie stöhnte leise auf und preßte sich gegen seinen nackten Oberkörper.

„Ich will mit dir schlafen." Ihre Stimme klang sanft und entschieden.

„Bist du sicher?" flüsterte Franz.

„Vielleicht verhaftet mich schon morgen die Gestapo", entgegnete Marianne. „Aber bevor ich sterbe, will ich es einmal erlebt haben. Und ich will es mit dir erleben, Franz."

„Einmal?" fragte Franz ironisch zurück. „Oder *mindestens* einmal?"

Marianne lachte, drehte sich um und zog Franz auf sich. Sie hörten nicht mehr die dumpfen Explosionen, sahen nicht mehr die Blitze, die das Zimmer erhellten.

Da war nur noch die Haut des anderen; eine kurze Zeit des Vergessens in der Wirklichkeit; eine Insel, die sich gegen die Flutwelle von Haß und Gewalt behaupten konnte.

Franz und Christian duckten sich hinter die Kisten. Ihre Augen suchten die Dunkelheit ab, nahmen aber keine Bewegung wahr. Dann schlichen sie zu den Lastwagen, die am nächsten Morgen die Raupenschlepper abtransportieren sollten. Vorsichtig holten sie die abgeschlagenen Milchflaschen aus ihren Taschen und klemmten sie unter die Reifen. Beim Anfahren würde sich das scharfkantige Glas in das grobe Profil bohren und damit den Transport um gut einen Tag verzögern.

Franz richtete sich auf und rieb sich die Hände.

„Wer ist da?" schrie plötzlich jemand.

Franz duckte sich instinktiv.

„Scheiße!" zischte er und sah Christian fragend an. Der behielt die beiden Männer im Auge, die jetzt mit einer Taschenlampe auf ihr Versteck zu kamen.

„Jetzt kommt's drauf an", raunte Christian. „Du mußt jetzt zur Halle hinüberrennen. Ich werde dir hinterherlaufen. Wir haben uns gestritten, in Ordnung?"

„Das werden die uns nie glauben", befürchtete Franz.

„Wird schon schiefgehen", erwiderte Christian. „Also los."

Franz spurtete aus dem Versteck hervor. Nach ein paar Schritten folgte ihm Christian.

„Stehenbleiben!" schrien die beiden Männer und erfaßten sie mit dem Lichtkegel der Taschenlampe.

Franz und Christian hielten schwer atmend inne. Die beiden Männer traten auf sie zu und leuchteten ihnen ins Gesicht.

„Was macht ihr hier?" fragte einer von ihnen. Sie gehörten offenbar nicht zum Werkschutz, sondern zu den höheren Angestellten der Fabrik.

„Es ist verboten, sich hier draußen aufzuhalten", schnauzte der andere.

„Wir haben uns gestritten", sagte Franz. „Ich bin dann hierher gelaufen. Ich dachte, daß er mich hier in Ruhe läßt", deutete er mit dem Kopf auf Christian.

„Das glaubst du doch wohl selbst nicht!" antwortete ihm der Mann.

„Na ja, wir hatten halt eine kleine Meinungsverschiedenheit", versuchte Christian zu verharmlosen. „Es wird nicht noch einmal vorkommen."

„Erzählt uns bloß keine Märchen", drohte der Angestellte. „Ihr gehört doch sicher zu den Saboteuren, die sich hier dauernd herumtreiben."

„Moment mal ...", wollte Christian einlenken.

„Mitkommen!" Die Männer packten sie an den Armen und führten sie in das Büro des Werkschutzleiters. Der Betriebsobmann und der Ausbildungsleiter wurden herbeigerufen.

„Also raus mit der Sprache", sagte der Werkschutzleiter streng. „Was hattet ihr dort draußen zu suchen?"

Franz und Christian wiederholten ihre Schilderung, denn jedes Abweichen von ihrer ersten Aussage hätte den Verdacht gegen sie nur erhärtet.

Auch, als die beiden Angestellten, die sie überrascht hatten, noch einmal das Gelände absuchten und wenig später mit den zerbrochenen Milchflaschen wiederkamen, beharrten sie darauf, mit Sabotage nichts zu tun zu haben.

„Wir sollten die Gestapo holen", schlug der Ausbildungsleiter vor. „Die kennen unseren Freund doch schon", griente er Franz zynisch an.

„Wir müssen ja nicht gleich übertreiben", wehrte der Werkschutzleiter ab. „Hinter der Sabotage steckt eine gut organisierte Bande. Die gehören nicht zu unserer Firma. Das sind Leute von außerhalb. Da bin ich mir ganz sicher."

Franz und Christian schauten einander an. Sie waren verblüfft über die Reaktion des Werkschutzleiters. Wollte er sie zu unbedachten Äußerungen provozieren? Oder wollte er sich nicht die Blöße geben, daß unter seinen Augen eine Handvoll Firmenangehöriger ständig Ersatzteile für die Wehrmacht beschädigen oder verschwinden lassen konnte und den Abtransport der Raupenschlepper verhinderte?

Der Werkschutzleiter fixierte sie mit durchdringendem Blick, als wollte er hinter ihrer Stirn ihre wahren Gedanken lesen.

„Habt ihr mir noch etwas zu sagen?" fragte er.

„Ich möchte mich für mein Verhalten entschuldigen", sagte Franz mit reumütigem Unterton, und auch Christian sagte eifrig seinen Spruch auf. Solche Worte im richtigen Augenblick hatten schon Wunder bewirkt.

„Das kommt mir nicht noch einmal vor", warnte der Werkschutzleiter.

„Ganz bestimmt nicht", versicherte Christian.

Sie atmeten tief durch, als sie vor das Fabriktor traten.

„Das war verdammt knapp", sagte Franz.

„Ich möchte mich für mein Verhalten entschuldigen", parodierte Christian ihn und lachte. „Du bist ja wirklich abgebrüht."

„Hör bloß auf", entgegnete Franz. „Ich hatte noch niemals so weiche Knie."

„Reines Gummi", betonte Christian. „Meine waren aus reinem Gummi."

Sie lachten erleichtert und verabschiedeten sich.

Auf seinem Weg durch die mattglänzenden Straßen begegneten Franz nur wenige Leute. Viele Bewohner hatten die Stadt aus Angst vor den Fliegerangriffen bereits verlassen. Diejenigen, die noch aushielten, hockten jetzt in ihren halbdunklen Wohnungen oder verkrochen sich in den Bunkern und erwarteten erneut die Sirenen. Aber in dieser Nacht würde es ruhig bleiben, vermutete Franz und schaute in den Nachthimmel. Er hatte ein gutes Gespür dafür entwickelt und witterte einen Bombenregen meist schon eine halbe Stunde vor seinem Ausbruch über der Stadt.

Die Straße, in der er wohnte, lag wie verlassen da. Kein Lichtstreifen schimmerte durch die Vorhänge hinter den Fenstern. Die Straße schwieg und horchte auf das Anzeichen eines Angriffs.

Nur wenige Häuser waren hier durch die Bomben zerstört worden. Als ob die in den Flugzeugen ahnten, daß in diesem Stadtviertel sich kaum einer in die Uniform der Nationalsozialisten zwingen ließ. Wenige Trümmergrundstücke, ein paar Splitternarben an den Hauswänden: Spuren des Krieges, die man angesichts des erhofften Sieges der Alliierten in Kauf nahm.

Es blieb nicht mehr viel Zeit, wußte Franz. Wie lange würden er und seine Freunde noch durchhalten können? Einige Wochen? Ein paar Monate? Heute hatten er und Christian noch einmal Glück gehabt. Und morgen?

Müde stieg er die Treppe zur Wohnung hinauf und schloß die Tür auf. Leise wollte er in sein Zimmer gehen, als seine Mutter ihm entgegenkam. Er stutzte.

„Franz", zitterte ihre Stimme. „Die Gestapo war hier."

Franz seufzte und lehnte sich gegen die Wand. Eine leicht dahingesagte Antwort hätte er jetzt geben müssen, um die Mutter zu beruhigen, aber er sah ein, daß dies kaum noch etwas ändern konnte. Er wußte, daß er weitere Verhöre durch die Gestapo nicht mehr riskieren durfte.

„Was wollten sie?" hörte er sich fragen.

„Du sollst morgen früh in die Zentrale kommen." Die Mutter schaute ihn mit Tränen in den Augen an. „Hier ist eine Vorladung", reichte sie ihm den Brief.

„Ich werde nicht hingehen", sagte Franz tonlos.

Die Mutter nickte.

„Was willst du tun?" fragte sie.

„Ich kann hier nicht bleiben", erwiderte Franz und faßte seine Mutter an den Schultern. „Verstehst du das?"

„Ich würde vielleicht genauso handeln", sagte die Mutter. Im Halblicht glänzten Tränen auf ihren Wangen. „Werde ich dich irgendwann wiedersehen? Du bist doch ... mein Kind ..."

„In diesem Land muß man schon früh erwachsen werden", antwortete Franz und lächelte. „Du wirst mich ganz bestimmt wiedersehen."

Er ging in sein Zimmer, um einige Dinge einzupakken. Er rollte eine Decke zusammen und klemmte sie sich unter den Arm. Dann umarmte er die Mutter.

„Leb wohl", sagte er leise.

„Du tust sicher das Richtige", schluchzte die Mutter.

„Danke", sagte Franz und gab ihr einen Kuß. Mit diesem Abend war er ein Illegaler.

XV

Aus dem Radio klang leise swingende Jazzmusik. Franz öffnete die Augen und hob den Kopf. Klaus saß auf seiner Matratze und las. Sein Fuß wippte im Takt der Musik. Die anderen schliefen noch. Im schwachen Licht der Glühbirne hoben und senkten sich die groben Wolldecken mit dem ruhigen Rhythmus ihres Atems.

Franz schlug vorsichtig die Decke zur Seite, um Marianne nicht aufzuwecken. Ihr Gesicht war entspannt, nur unter den Augenlidern nahm Franz unruhige Bewegungen wahr. Sie träumte.

Er ging hinüber zu Klaus und setzte sich neben ihn. Klaus nickte ihm lächelnd zu.

„Wie spät ist es?" rieb sich Franz die Augen.

„Gleich neun Uhr", antwortete Klaus. „Gut geschlafen?"

„Es geht so", sagte Franz. „Mir tut der Rücken weh."

„Das hier ist halt nicht das Grand-Hotel", machte Klaus eine ausladende Bewegung mit dem Arm.

Seit vier Monaten hausten sie in diesem Keller, über dem das Haus zerbombt worden war. Der einzige Ausgang war eines der Fenster, durch das der Tag sich ankündigte. Trotz des warmen Sommers war es hier unten ständig feucht. Unter den Matratzen stank es nach Schimmel, von der Decke tropfte es.

Körper an Körper lagen sie unter den Wolldecken, dicht gedrängt in der Enge dieses Lochs. Niemand von ihnen beklagte sich.

Tausende lebten so in der Stadt, ausgebombt und zurückgeworfen auf ein primitives Höhlendasein, in

Kellern oder halbzerstörten Wohnungen, in Holzverschlägen oder vergessenen Gartenlauben. Zumindest fielen die Freunde so nicht auf. Niemand fragte nach einer Adresse, einem Namen. Jeder bedauerte diese Höhlenmenschen, und selbst die Gestapo hielt sich fern von den maulwurfähnlichen Gestalten, die mit blinzelnden Augen vor ihrem Unterschlupf ein schwaches Feuer in Gang hielten, um in rußschwarzen Töpfen eine fade Suppe zu kochen.

„Ist noch genug zu essen da?" wollte Franz wissen.

„Paul und Wolfgang wollten sich darum kümmern", erwiderte Klaus. „Sie besorgen Lebensmittelkarten oder Konserven."

„Es wird immer schwieriger, uns alle zu versorgen." Franz blickte zu den Schlafenden. „Wir werden ständig mehr. Wenn uns die Gestapo nicht kleinkriegt, schafft das bald der Hunger."

„Es bleiben ja nicht alle", sagte Klaus. „Viele tauchen bei uns unter und gehen nach ein paar Tagen wieder."

„Aber sie müssen versorgt werden."

„Sicher, sie sind auf uns angewiesen. Wir selbst könnten auch einmal in eine Situation geraten, in der wir auf fremde Hilfe angewiesen sind. Und dann sind wir froh, wenn uns jemand ein Stück trockenes Brot gibt."

Unter den Decken bewegte es sich. Verschlafene Gesichter kamen hervor, hier und da ein lautes Gähnen, ein Strecken der Glieder, das die Gelenke knakken ließ.

„He, mach' doch mal das Radio lauter", setzte sich Manni auf und wippte mit dem Oberkörper. „Das ist Dizzy Gillespie."

„Schrecklich", drehte sich Marianne auf die andere Seite.

„Was hast du gegen Bebop?" fragte Manni erstaunt.

„Ich mag dieses hektische Durcheinander nicht", kam Marianne unter der Decke hervor und setzte sich auf.

„Magst du keinen Jazz?"

„Doch, aber es muß ja nicht unbedingt Bebop sein."

„Ich finde Dizzy Gillespie großartig", schwärmte Manni. „Und Charlie Parker ... Nach dem Krieg werde ich mir all ihre Platten kaufen."

„Mir gefällt Duke Ellington", lächelte Marianne in sich hinein. „Einige seiner Stücke habe ich früher auf dem Klavier nachgespielt."

„Dann werden wir nach dem Krieg eine Jazzband gründen", klatschte Manni in die Hände.

„Spielst du denn noch etwas anderes als Gitarre?" fragte Marianne.

„Ich werd's lernen. Ich werde Schlagzeug lernen. Und Franz spielt den Baß", glänzten Mannis Augen. „Und du ...", wandte er sich an Klaus. „Spielst du auch ein Instrument?"

„Ja", nickte Klaus. „Blockflöte".

Ihr schallendes Lachen weckte auch die letzten Schlafenden auf. Solche Momente waren selten geworden. Schon lange hatten sie nicht mehr an eine Zeit nach dem Krieg gedacht, in der man nicht täglich von Verhaftung, Folter und Tod bedroht war. Sekunden waren das, in denen sie dem Terror entflohen und das Lachen ihre Seelen erleichterte. Augenblicke lang entbehrter Zärtlichkeit, von denen sie sich wieder wochen-, vielleicht monatelang nähren mußten.

Vor dem Kellerfenster tauchten Schatten auf. Automatisch griff Franz nach hinten unter seine Jacke. Aber die Pistole, die er stets im Gürtel trug, seit er in der Illegalität lebte, lag noch unter der Matratze.

Drei kurze Pfiffe ertönten, und schon schob sich ein Beinpaar durch den Lichtschacht. Umständlich zwängte sich Paul hindurch und stieg über zwei gestapelte

Kisten in den Keller. Ihm folgte Wolfgang, der vom Fenstersims heruntersprang und sich den Staub von seiner Uniform klopfte. Er gab Klaus einen kleinen, prall gefüllten Rucksack.

„Soll ich Feuer machen?" rief eine Stimme von draußen. Es war Gerhard, der die Morgenwache übernommen hatte.

„Wir dachten, du hättest schon längst den Frühstückstisch gedeckt", rief Klaus zurück und öffnete den Rucksack.

Auch die übrigen erhoben sich von ihren Schlafplätzen und umringten das olivfarbene Bündel, aus dem er jetzt Fleisch- und Gemüsekonserven hervorholte.

„Das reicht vielleicht für drei Tage", stellte Klaus fest, nachdem er den Rucksack geleert hatte.

„Ich habe nochmal die gleiche Menge zu Hause im Keller versteckt", sagte Wolfgang. „Es war zu riskant, alles auf einmal hierher zu bringen. Ein paar Lebensmittelmarken haben wir auch noch abstauben können", warf er Paul einen triumphierenden Seitenblick zu.

„Das hört sich schon besser an", lächelte Klaus. „Wie lange kommen wir damit hin?"

„Nochmal etwa zehn Tage, schätze ich", meinte Wolfgang.

„Heute wird ein guter Tag", rieb sich Manni die Hände und ging pfeifend zu einem großen Eimer in einer Ecke des Kellers. Mit einer Tasse schöpfte er daraus Wasser und füllte es in einen Topf. Er stellte ihn in den Lichtschacht.

„Die Bestellung für Tisch dreizehn!" rief er hinaus und ließ dabei das ‚R' rollen. Wenig später kam Gerhards Hand in den Schacht hinuntergetaucht und verschwand mit dem Topf nach oben.

Nacheinander stiegen sie hinauf ans Tageslicht und reckten ihre Glieder, als wollten sie den überreichlichen Platz ausnutzen, der sich ihnen hier oben bot.

Kaum ein Haus stellte sich in diesem Stadtviertel dem Blick in den Weg. Hier und da ragte noch ein Mauerrest oder eine verwaiste Fassade über die Verwerfungen des Krieges. Aber bewohnbare Häuser? Bizarre und kantige Fremdkörper in einer sanften Hügellandschaft waren sie geworden, eine plötzliche architektonische Strenge im chaotischen Durcheinander eines aufgegebenen Steinbruchs.

Das Auge mußte erst wandern, bis es in beträchtlicher Entfernung auf Häuserzeilen aus der Vorkriegszeit traf, mit zersplitterten Fenstern zwar und den Einkerbungen zahlloser Bombenangriffe, doch aufrecht und bisweilen auch lückenlos wie eine Reihe entblößter, schlecht gepflegter Zähne.

Die Freunde hockten sich um das schüchterne Feuer, über dem das Wasser im Topf zu dampfen begann. Manni öffnete einige Konserven und kippte ihren Inhalt in den Topf. Jeder hatte eine Schale oder einen Teller auf den Knien und wartete darauf, daß das Gemisch zu brodeln anfing. Es verbreitete einen merkwürdigen Geruch, der einen Rückschluß auf die Bestandteile unmöglich machte. Aber der Geschmack oder Geruch ihrer Mahlzeiten war schon lange unwichtig geworden. Das einzig Wichtige war, daß dieser Topf einmal am Tag bis zum Rand mit etwas gefüllt werden konnte, das ihren Hunger stillte.

Sie aßen langsam und schweigend. Vielleicht sollte es die einzige Mahlzeit an diesem Tag bleiben, vielleicht konnte jemand noch etwas organisieren. Niemand wußte es. Deshalb wälzten sie jeden Bissen minutenlang im Mund herum, kosteten den salzigen Brei aus und suchten nach Widerständen, auf denen ihre Zähne kauen konnten.

Das Leben im Untergrund zehrte an Körper und Seele. Zwar war die Höhlenlandschaft der Trümmerfelder ein sicheres Versteck, doch sobald man es verließ, konnte an der nächsten Straßenecke schon alles zu Ende sein. Die routinemäßige Frage eines Polizisten nach Ausweispapieren; die geschulten Blicke der Gestapo-Leute; ein paar HJler auf der Jagd nach Volksfeinden: eine ständige Flucht war das, und nervös tastete die Hand alle paar Schritte nach der Pistole, die jeder von ihnen – außer Gerhard – unsichtbar im Gürtel trug.

Die meiste Zeit verbrachten sie damit, etwas Eßbares zu besorgen. Doch die Einbrüche in Lebensmittelgeschäfte während der Fliegerangriffe nutzten auch andere aus. Geschäftsleute ließen ihre Waren verschwinden und erstatteten Anzeige. Die Waren wurden ihnen ersetzt, und der Schwarzmarkt blühte. Wo immer etwas verschwand, beschuldigte man stets die Illegalen. Auf sie wälzte man alles Unheil und jeden Ärger ab. Sie waren ein willkommener Abladeplatz für alles Böse, das der Stadt widerfuhr. Widerstand gegen den Nationalsozialismus: das war ungesetzlich. In einer Zeit, in der selbst die einfachsten moralischen Gesetze des menschlichen Zusammenlebens außer Kraft gesetzt waren, wurde der Widerstand umso krimineller, je mehr andere von ihm profitierten.

Am frühen Abend standen Franz und Marianne in einer Türnische und beobachteten das gegenüberliegende Haus. Nichts deutete darauf hin, daß es von der Gestapo überwacht wurde. Auch auf der Straße stand niemand auffällig herum, um die Besucher des Hauses zu registrieren.

„Gehen wir", sagte Franz.

Sie überquerten die Straße. Marianne hakte sich bei Franz ein und lachte. Ein unbeschwerter Eindruck erweckte kaum Verdacht. Wer lachte, wollte sich nicht verstecken.

Franz schloß die Tür auf und zog Marianne hinter sich die Treppe hinauf. Vor der Wohnungstür horchte er einen Moment lang. Nein, die Nachbarn schienen sie nicht bemerkt zu haben. Er steckte den Schlüssel ins Schloß und öffnete die Tür. Schritte kamen aus der Wohnung auf sie zu geschlurft.

„Wer ist da?“ fragte eine ängstliche Stimme.

„Ich bin es, Mutter“, antwortete Franz halblaut.

„Mein Junge!“ Die Mutter kam herbei und umarmte ihn. Marianne schloß die Tür und wartete. Sie betrachtete das faltige Gesicht der Mutter, in das sich stumme Tränenspuren zeichneten. In ihrer Brust breitete sich ein widersprüchliches Gefühl aus Freude und Trauer aus. Ihr Blick verschwamm. Sie schloß die Augen und preßte die Lippen zusammen.

„Das ist Marianne“, hörte sie Franz plötzlich sagen.

Sie erschrak ein wenig, wischte sich durch das Gesicht und begrüßte die Mutter.

„Kommt doch herein“, führte die Mutter sie in die Küche.

Sie setzten sich an den Tisch, aßen Schmalzbrote und tranken Kaffee. Echten Bohnenkaffee, den die Mutter wie eine Kostbarkeit im Vorratsschrank aufbewahrte und nur bei besonderen Gelegenheiten trank. Sie schüttete einige Löffel Kaffeebohnen in die Handmühle und mahlte sie mit fast ritueller Hingabe, während sich der Duft des Pulvers bereits in der Küche ausbreitete.

Ihre Erzählungen beschränkten sich auf Gemeinsamkeiten. Die Angst vor den Bomben, die Zermürbung durch den Krieg, die schlechte Versorgung. Die Mutter stellte keine Fragen. Sie fürchtete sich vor den Antworten. Sie wollte keine Bestätigungen für ihre Ahnungen, wollte unwissend bleiben. Denn jedes Mehr an Wissen würde auch ein Mehr an Angst bedeuten. Angst um Franz, um ihren Sohn, der nichts Unrechtes getan haben konnte. Nicht dieser Junge!

Aus einer Schublade im Küchenschrank holte sie ein Kuvert hervor. Ein Brief vom Vater. Franz las ihn aufmerksam. Der Vater wollte Mut machen und schrieb Anekdoten aus dem Kriegeralltag. Natürlich ging es ihm gut, kein Grund zur Sorge. Und in der letzten Zeile eine Aufforderung an den Sohn: Kopf hoch, Franz!

Franz faltete den Brief nachdenklich zusammen, nahm ein Blatt Papier und schrieb ein paar schnelle Zeilen. Natürlich ging es ihm gut, kein Grund zur Sorge. Der Vater brauchte Mut.

„Sind Sie auch auf der Flucht vor der Gestapo?" wandte sich die Mutter an Marianne und erschrak vor ihrer eigenen Frage. Ihre Finger legten sich auf ihre Lippen, als wollten sie ihr jede weitere Neugier verbieten.

„Ungefähr so lange wie Franz", antwortete Marianne höflich. Sie erkannte die Angst der Mutter und lenkte das Gespräch auf Belanglosigkeiten, bis Franz schließlich aufstand und zum Aufbruch drängte. Er schaute aus dem Fenster und blickte auf die Straße. Hastig packte die Mutter ein paar Sachen ein. Eine Dose Schmalz, ein halbes Brot, Zucker: Entbehrungen, die sie für den Sohn zurückgelegt hatte. Als sie ein wenig Kaffee in einen Beutel füllen wollte, hielt Franz sie zurück.

„Bewahr ihn für unseren nächsten Besuch auf", sagte er sanft.

Die Mutter nickte stumm und schaute ihn an. Ihre rissigen Lippen zitterten. Eine schweigende Umarmung noch, dann verließen Franz und Marianne die Wohnung. Hinter der Tür weinte die Mutter.

„So, das war's", wischte sich Jensen den Schweiß von der Stirn.

Auch die anderen waren erschöpft und atmeten auf. Den halben Tag hatten sie im Keller der Jensens verbracht und über tausend Zeitungen gedruckt. Wolfgang nahm eine vom Stapel und betrachtete sie lächelnd.

‚Schwere Verluste für die Wehrmacht' stand in fetten Großbuchstaben auf der ersten Seite. Von fünfhundert Toten an einem Tag war da die Rede. Einige gefallene Offiziere waren namentlich genannt. Zumindest ihre Angehörigen würden wissen, daß diese Zeitung glaubwürdiger war als die Propaganda-Nachrichten der Nazis, in denen selbst Verluste und Rückzüge als ruhmreiche und geschickte Kriegstaktik dargestellt wurden.

Sie schlugen die Zeitungen in Packpapier ein und stopften sie in ihre Taschen. Es war bereits dunkel, als sie auf die Straße traten. Leise verabschiedeten sie sich von den Jensens und stiegen auf ihre Fahrräder. Auf den Gepäckträgern klemmte die entlarvende Fracht.

Wolfgang und Gerhard fuhren die Straße hinunter, Paul und Manni schlugen die entgegengesetzte Richtung ein. Manni fuhr dicht neben Paul, dessen massiger Körper ein wenig schwerfällig hin- und herwankte.

„Das war ein hartes Stück Arbeit", meinte Manni.

„Kann man wohl sagen", erwiderte Paul. „Ich könnte jetzt ein schönes, kühles Bier vertragen."

„Das wär was", stimmte ihm Manni zu. „Sich einfach in ein Gartenlokal setzen und ein Bier trinken. Ich darf gar nicht daran denken ..."

„Scheißkrieg!"

„Ich bieg' da vorne ab", deutete Manni mit dem Kinn auf die nächste Seitenstraße.

„Hmm", brummte Paul nur, doch da stockte ihnen der Atem. Aus der Seitenstraße kamen zwei Uniformierte auf Fahrrädern. SA-Leute!

„Ruhig weiterfahren", raunte Manni.

Im selben Moment hielten die SA-Leute an. Einer hob die Hand.

„Halt!"

„Was machen wir jetzt?" flüsterte Manni und wollte schon nach der Pistole greifen.

„Ruhig", zischte Paul.

Langsam näherten sie sich den Uniformierten. Die standen und warteten, die Fahrräder zwischen den Schenkeln.

Paul und Manni ließen die Fahrräder ausrollen. Doch bevor sie bei den SA-Männern zum Stehen kamen, holte Paul plötzlich aus und schlug dem ersten mit der Faust ins Gesicht. Der kippte nach hinten und brachte damit den anderen aus dem Gleichgewicht. Beide fielen.

„Fahr!" brüllte Paul und trat in die Pedale.

Hinter ihnen fluchten die SA-Männer und befreiten sich aus der Umklammerung ihrer Fahrräder.

„Stehenbleiben!" schrie einer.

Paul keuchte. Er hatte Mühe, sein Gewicht zu beschleunigen. Vor ihm vergrößerte Manni den Abstand zu ihm.

Wieder der wütende Befehl des SA-Mannes, dann ein Schuß. Manni schaute über die Schulter nach hinten.

„Schneller!" brüllte er, aber Paul fiel weiter zurück. Und jetzt waren da noch zwei Radfahrer hinter ihm.

Paul hörte die Befehle näherkommen. Er war zu langsam, zu schwer. Seine Beine und seine Lungen zu schwach im Vergleich zu denen der gedrillten Uniformierten. Sie würden ihn bald eingeholt haben, ihn erschießen oder verhaften und aufhängen. Da kam der Tod auf dem Fahrrad! giggerte es in ihm.

Auf der Rennstrecke in seinem Kopf rasten die Gedanken vorbei, flogen aus der Kurve und verschwanden im Nichts. Vor seinen Augen tanzten Farben auf der Straße, das anschwellende Rauschen in seinen Ohren kündigte eine Flutwelle an, die ihn in wenigen Augenblicken verschlingen würde.

Zwei Schüsse weckten Pauls Instinkt. Das Rauschen verstummte, die Farben lösten sich auf. Er sah Manni, der ihm wild zuwinkte. Paul blickte nach hinten. Die SA-Männer waren kaum dreißig Meter entfernt.

Er griff in den Gürtel und nahm die Pistole. Abrupt stieg er in die Bremsen und stellte das Fahrrad quer. Er hielt die Pistole mit beiden Händen, zielte auf den ersten der SA-Männer und gab drei Schüsse ab.

Den SA-Mann hob es aus dem Sattel. Er riß die Arme hoch und schlug auf den Boden. Der andere warf sich zur Seite. Die Fahrräder schepperten über das Pflaster. Paul schoß noch einmal, drehte sich um und rannte davon. Vor ihm tauchte Manni auf. Er hatte angehalten. Ein Stakkato von Schüssen kam Paul entgegen. Er schaute zurück.

Der SA-Mann rollte über die Straße und suchte den Kugeln zu entkommen. Manni jagte ihm das ganze Magazin hinterher, traf ihn aber nicht. Er wartete, bis Paul an ihm vorbei war und folgte ihm dann. Er holte ihn ein und schaute ihn an. Ein verzweifelter Blick antwortete ihm.

„Wir haben es geschafft“, keuchte Manni.

Paul nickte wortlos.

„Mensch, Paul. Das war knapp.“

„Ich hab' ihn umgebracht“, sagte Paul tonlos.

„Das ist doch gar nicht sicher“, versuchte Manni ihn zu beschwichtigen. „Du hast ihn getroffen, aber vielleicht ist er ja nur verwundet.“

„Er hat sich nicht mehr bewegt.“

„Das heißt noch nichts. Er war wahrscheinlich bewußtlos.“

„Ich hab' ihn umgebracht“, schüttelte Paul den Kopf, als würde er selbst nicht begreifen, was er getan hatte.

„Du konntest nicht anders handeln.“

„Ich weiß nicht ...“

„Wir müssen uns trennen“, sagte Manni. „Schaffst du's alleine?“

„Sicher“, erwiderte Paul. „Ich schaff' das schon.“

Ohne ein weiteres Wort bog Manni in die nächste Seitenstraße ein.

Paul fuhr allein weiter. Sein Körper wankte von einer Seite zur anderen, zwischen Gut und Böse, Recht und Unrecht, richtig und falsch. Er fuhr durch die Nacht wie eine Frage durch die Zeit.

XVI

Gerhard streckte den Kopf aus dem Lichtschacht des Kellers und blies sich in die Hände. Er kniff die Augen zusammen und betrachtete die weiße Hügellandschaft. In der Nacht hatte es wieder geschneit. Es herrschte eine Stille, wie man sie sonst nur in den Bergen erlebt, wo der Schnee jedes Geräusch verschluckte.

„Holt die Skier raus, Leute!" rief Gerhard in den Keller hinein.

„Irgendwann muß dieser Scheißwinter doch mal ein Ende haben", bekam er zur Antwort.

Mit steifen Gliedern stiegen sie ans Tageslicht. Gerhard zerbrach ein paar Holzlatten, schichtete sie übereinander und entfachte ein Feuer. Den Topf füllte er mit Schnee und hängte ihn in die Flammen, die Mühe hatten, sich gegen die kalten Windböen zu behaupten.

Sie traten auf der Stelle, um die Kälte aus den tauben Füßen zu vertreiben. Einige zogen sich die Schuhe aus, rieben die nackten Füße mit Schnee ein und massierten sie, bis sie wieder die Farbe lebendigen Fleisches annahmen.

Als das Wasser im Topf zu sieden begann, schüttete Gerhard eine Handvoll Ersatzkaffee hinein. Skeptisch blickten sie in den braunen Sud, mit dem sie den Tag beginnen wollten.

Der Winter hatte sich in ihre Gesichter gegraben. Die Augen lagen tief in den Höhlen, die eingefallenen Wangen brannten in der Kälte. Ihr lethargischer Ausdruck erzählte von stetigen Entbehrungen.

Stumm schlürften sie den Kaffee, der ihnen beinahe

Lippen und Gaumen versengte. Doch sie genossen den brennenden Schmerz, der sie von den Angriffen des Winters ablenkte und ihnen langsam das Gefühl zurückgab, doch noch am Leben zu sein. Die heiße Flüssigkeit umspülte ihre Zunge, rann die Kehle hinab und hinterließ schließlich ihren spürbaren Abdruck in den leeren Bäuchen.

„Lange halten wir das nicht mehr durch", starrte Manni blicklos in den Schnee.

„Wir müssen die Zähne zusammenbeißen", sagte Klaus. „In vier Wochen ist Frühling, dann wird alles besser. Bestimmt."

„Wir haben nichts mehr zu fressen", erwiderte Manni. „Und von Frühlingsgefühlen werde ich auch nicht satt."

„Es sind verdammt viele Streifen nachts unterwegs", gab Klaus zu bedenken, während er an der Tasse nippte. „Es ist zu gefährlich."

„Sollen wir denn warten, bis wir hier einer nach dem anderen umkippen?" schaute Manni ihn an. „Wenn wir wenigstens noch irgendwo schlafen könnten, wo uns nicht die Zehen abfrieren."

In der folgenden Nacht riskierten sie es. Franz und Marianne gingen voraus, Arm in Arm, ein unverdächtiges Paar, das immer wieder Gründe fand stehenzubleiben. Doch ihre Augen suchten nicht den Blick des anderen, sondern beobachteten aufmerksam die dunklen Gehsteige und Seitenstraßen, damit sie die Nachfolgenden warnen konnten.

Sie wollten in eines der Stadtviertel, das von den Bomben bisher verschont geblieben war. Einen kleinen Laden suchten sie, ein paar Kartoffeln, einige Konserven, die ihnen für zwei, drei Tage den Hunger aus den Bäuchen trieben.

Die Sirenen heulten auf.

„Kommt ja wie gerufen", sagte Franz und blickte in

den Himmel. Keine Sterne. Die Bomben würden aus den Wolken fallen.

Aus einigen Häusern hasteten Bewohner auf die Straße. Mit schnellen Schritten eilten sie in die Richtung des nächsten Bunkers. Ein paar Minuten, in denen keine Streife kontrollierte.

Klaus, Manni, Gerhard und zwei andere junge Männer kamen herbeigelaufen.

„Sieht so aus, als ob wir Glück hätten“, sagte Manni.

Sie setzten den Weg gemeinsam fort, während die Wolken aufrissen und das Unheil über der Stadt entleerten. Die Bomben schlugen ganz in der Nähe ein. Franz zog Marianne an der Hand weiter. Immer wieder sprangen sie in Türnischen und preßten sich an die Hauswände, um vor den Explosionen in Deckung zu gehen.

Als sie sich dem Reichsbahngelände näherten, hielten sie inne. Einige der auf den Gleisen abgestellten Waggons brannten oder waren umgestürzt, ein Teil ihrer Ladung quoll aus den zersplitterten Bäuchen hervor.

„Das sollten wir uns mal näher ansehen“, meinte Klaus.

Sie stiegen über den niedrigen Zaun und bahnten sich einen Weg durch das kniehohe Gestrüpp. Im Schein des Feuers konnten sie die Aufschriften auf den Kartons erkennen, die über die Schienen verteilt waren.

„Ich werd' verrückt!“ rief Manni und hob den ersten Karton auf. „Jede Menge Fressalien!“

Reis, Mehl, Kartoffeln, Gemüsekonserven, Marmelade: auf den Gleisen hatten die Bomben einen riesigen Lebensmittelladen geschaffen, aus dem sie sich nun bedienten. Jeder griff sich einen Karton. Die nahen Detonationen verloren allmählich ihren Schrecken. Sie waren der Feuerschutz für den Rückweg.

Mit fliegenden Füßen überwanden sie den Zaun des Reichsbahngeländes.

„Eine Streife!" rief Marianne plötzlich.

Schon konnten sie in einiger Entfernung Befehle vernehmen.

Nein, eine solche Beute durften sie nicht aufgeben. Die Kartons vor dem Bauch oder auf der Schulter rannten sie die Straße hinunter und verschwanden hinter der nächsten Häuserecke. Heisere Schreie und ein wildes Trillern verfolgten sie, doch ihr Vorsprung war groß. Mit ein wenig Glück konnten sie es schaffen.

Sie hielten sich dicht an den Häuserwänden, wo sie hofften, im Spiel der Schatten zu verschwinden, die das Feuer am Himmel warf. Zwei Straßen weiter waren die lärmenden Verfolger bereits zurückgefallen.

Sie blieben stehen, um Atem zu schöpfen. Ihre schweißnassen Gesichter dampften in der Kälte.

„Ich glaube, wir haben sie abgehängt", keuchte Klaus.

„Nicht bewegen!" zischte Gerhard plötzlich und deutete mit dem Kopf auf die vor ihnen liegende Straßenkreuzung. Ein halbes Dutzend SA-Leute, vermutlich durch das Trillern der Streife alarmiert, blickte sich suchend um und machte einen unentschlossenen Eindruck. Offenbar hatten sie die Verfolgten noch nicht entdeckt, die sich wie erstarrt an die Hauswand preßten. Die gestohlenen Kartons hielten sie fest umklammert. Die SA-Leute ließen sich täuschen durch die rasch wechselnden Reflexe von hell und dunkel, deuteten in verschiedene Richtungen und wollten gerade weiterlaufen, als sich das aufgeregte Trillern der Streife näherte.

„Nichts wie weg!" rief Klaus.

Sie ließen die Kartons fallen und rannten. Die Meute schrie jetzt von zwei Seiten. Sie stolperten über die Schollen eines zerbombten Hauses, hetzten durch das hallende Dunkel einer Toreinfahrt und erreichten eine schmale, kopfsteingepflasterte Gasse. Rechts tauchten die Silhouetten der SA-Männer auf, während aus der Toreinfahrt das Streifenkommando lauter wurde. Ein Durcheinander von Befehlen verfolgte sie, aber jeder wußte, daß sie nur dem einzigen, inneren Instinkt folgen durften: Hier ging es nur noch darum, schneller als der Tod zu sein.

Schon fielen die ersten Schüsse. Die Luft sirrte. Franz drehte sich zu Marianne um. Die langen Haare klebten ihr im Gesicht, und er war überrascht, daß in ihren Augen die Angst fehlte. Noch nie hatte er sie so kämpferisch gesehen. Sie hielt ihre Pistole in der Hand, nutzte jede Deckung und schien ihre Flucht eher als einen taktischen Rückzug zu verstehen. Sie wirkte älter und reifer als sonst, und Franz war in diesem Moment überwältigt von ihrer Schönheit. Wie ein Engel im Kampf gegen das Böse, dachte er. Mein Gott, wie sehr er diese Frau liebte!

Plötzlich schrie Marianne auf und stürzte. Franz war sofort bei ihr und wollte ihr auf die Beine helfen, sie aber wehrte seine Hand ab und drehte sich auf den Rücken.

„Lauf, Franz!" stöhnte sie. „Ich kann ... nicht mehr ..."

Franz schaute sie fassungslos an und sank auf die Knie. Er öffnete ihre Jacke und sah Blut, das aus einer Wunde an ihrer Schulter hervorquoll. Er schaute zurück. Die Verfolger kamen rasch näher.

„Ich laß dich nicht alleine." Franz zog entschlossen seine Waffe und lud sie durch. Die anderen waren stehengeblieben. Gerhard kam herbei.

„Lauft weiter", verzog Marianne das Gesicht vor Schmerzen. „Sie werden mich nicht kriegen." Ihre Hände umklammerten die Pistole.

Franz schaute zu Gerhard hoch. Der nickte und

packte zu. Marianne schrie auf, als die beiden sie in ihre Mitte nahmen und davontrugen.

„Gebt uns Feuerschutz!" schrie Gerhard.

Die anderen gingen in die Knie und schossen. Ihre Verfolger sprangen in Deckung. Nachladen, feuern. Eine wilde Schießerei prasselte durch die Nacht. Manni drehte sich um und sah Franz und Gerhard mit Marianne in der Dunkelheit verschwinden. Dann schaute er zu Klaus, der hinter einem Hydranten auf dem Boden lag und unentwegt schoß. Als er das Magazin auswechseln mußte, trafen sich ihre Blicke. Wie lange noch würden sie im Widerstand durchhalten können? Wen würde die nächste Kugel treffen? Wer von ihnen würde das Ende des Krieges erleben? Würde es überhaupt jemals ein Ende der Grausamkeiten und Ungerechtigkeiten geben?

Es war ein Moment des Zweifels, doch wußten alle, daß es nur eine Fortsetzung ihres Kampfes geben konnte. Einen Rückzug aus dem Widerstand gab es nicht. Man konnte ihm nicht den Rücken kehren wie man aus einem Kino geht. Wer sich einmal für den Widerstand gegen den Nationalsozialismus entschieden hatte, der hatte sich für eine Seite des Lebens entschieden. Da gab es kein Zurück mehr, nur noch den Sieg oder den Tod.

Die Verfolger zogen sich langsam zurück. Ein kleiner Sieg, der nichts bedeutete. Nur ein Aufschub, ein vorläufiges Aufatmen.

Klaus nickte den anderen zu. Sie verständigten sich mit wenigen Zeichen und setzten ihre Flucht getrennt fort. Manni steckte die Pistole in den Gürtel und rannte über den festgetretenen, schmutziggrauen Schnee. Er bemerkte nicht die verblassende Spur der Blutstropfen, die nun in eine Seitengasse führte und sich in der Dunkelheit verlor.

Marianne war bewußtlos, als Franz und Gerhard vor dem Haus der Jensens eintrafen. Die Sirenen gaben gerade Entwarnung, als sie an die Tür klopften und ihnen Jensen überrascht öffnete. Wortlos half er ihnen, Marianne in den Keller zu tragen.

„Oh, mein Gott!" hörten sie Frau Jensen, die in die Küche lief, um für heißes Wasser zu sorgen.

Der Raum, in dem sie sonst immer ihre Pläne entworfen hatten, wurde nun als Krankenzimmer hergerichtet. Frau Jensen brachte Verbandszeug.

„Geht jetzt raus und bringt mir gleich das heiße Wasser herunter", wandte sie sich an Franz und Gerhard. „Hier könnt ihr jetzt ohnehin nichts für Marianne tun."

Franz schaute sie fragend an und zögerte. Er wollte bei Marianne bleiben.

„Wir schaffen das schon", lächelte Jensen ihm ermutigend zu. „Mach' dir keine Sorgen."

Sie warteten fast eine Stunde, bis Frau Jensen Franz endlich hineinrief. Marianne lag auf einer Matratze in der Ecke. Ihre Schulter und der rechte Arm waren verbunden. Ihr Gesicht war weiß wie das einer Toten, ihre Augen geschlossen.

„Sie hat einen Durchschuß", sagte Frau Jensen leise. „Es ist nicht lebensgefährlich, aber sie hat viel Blut verloren. Sie ist sehr schwach."

Franz kniete neben Marianne nieder und nahm ihre Hand. Marianne schlug die Augen auf. Sie versuchte zu lächeln.

„Es ist alles in Ordnung", flüsterte Franz. „Du wirst bald wieder gesund sein."

Marianne nickte müde und drückte seine Hand.

„Wir können sie nicht hierlassen", beugte sich Jensen zu Franz hinunter. „In ein paar Tagen bringen wir sie raus aus Deutschland. Sie braucht viel Ruhe und vor allem etwas zu essen. Wir schaffen sie nach Südfrankreich."

Franz schaute ihn erschrocken an.

„Glaub mir, es ist das Beste für sie“, klopfte ihm Jensen auf die Schulter. „Hier wäre es zu gefährlich.“

„Aber das geht doch nicht ...“, blickte Franz Marianne hilflos an.

„Doch, Franz“, flüsterte sie und kämpfte vergeblich dagegen an, daß ihre Augen wieder zufielen. „Ich würde hier jeden gefährden, der sich um mich kümmert. Und außerdem ... du willst doch, daß ich lebe, nicht wahr?“

„Natürlich.“ Franz traten Tränen in die Augen. „Aber du *wirst* leben. Die Verletzung ist nicht so gefährlich.“

„Ich weiß“, nickte Marianne. „Aber hier kann ich nicht gesund werden ... Gibst du mir einen Abschiedskuß?“

Vorsichtig nahm Franz ihren Kopf in seine Hände und küßte sie. Dann wischte er seine Tränen aus ihrem Gesicht.

„Sobald ich wieder gesund bin, komme ich zurück“, lächelte Marianne.

„Wir werden dich alle sehr vermissen“, sagte Franz mit rauher Stimme.

„Franz.“ Marianne öffnete die Augen und schaute ihn mit ernstem Blick an.

„Ja?“

„Ich liebe dich.“

Ein heftiger Stich fuhr Franz durch die Brust. Er beugte sich hinunter und küßte Marianne noch einmal.

„Ich liebe dich, Marianne.“

Dann stand er auf und ging zur Tür. Er drehte sich noch einmal um. Sie lag da, mit geschlossenen Augen. Sie lächelte. Es war das letzte Mal, daß er sie sah.

Franz trat auf die Straße. Die Luft war lau, der Schnee hatte zu schmelzen begonnen. Vielleicht kam der Frühling ja in diesem Jahr doch ein wenig früher.

XVII

Wolfgang schlenderte die Rheinuferstraße entlang, blieb schließlich stehen und schaute über den träge dahinfließenden Strom. Der Rhein sah freundlich aus und reflektierte das blendende Licht der Maisonne. Wolfgang schloß die Augen und hob den Kopf. Wie gut diese Wärme tat. Seinen Freunden in der Trümmerhöhle würde sie neues Leben einflößen.

Er ging weiter und pfiff leise eines der verbotenen Lieder vor sich hin, als er in einiger Entfernung vier Gestapo-Leute sah, die ihm in langen, schwarzen Ledermänteln auf der Uferstraße entgegenkamen. Wolfgang hörte auf zu pfeifen, setzte aber ruhig seinen Weg fort. Seine Uniform würde ihn vor lästigen Fragen schützen. Er warf sich in die Brust, hob das Kinn und sah durch und durch deutsch aus. Geradezu vorbildlich, eben wie ein HJler auszusehen hatte.

Die Gestapo-Männer verlangsamten ihren Schritt und wechselten ein paar Worte miteinander. Einer winkte ab, ein anderer schaute auf seine Armbanduhr. Als sie nur noch wenige Meter von Wolfgang entfernt waren, hob der erste von ihnen den Arm.

„Ihre Ausweispapiere, bitte!" Der Tonfall seiner Stimme ließ auf eine Routinekontrolle schließen.

Wolfgang fischte seinen Ausweis hervor. Er lächelte freundlich.

Während der Gestapo-Mann seine Papiere prüfte, schaute ihm einer der anderen über die Schulter, runzelte die Stirn und griff in die Innentasche seines Ledermantels. Er holte einige zusammengefaltete Blätter hervor und überflog eine Namensliste. Sein Zeigefinger blieb an einer Stelle haften.

Der Gestapo-Mann verglich noch einmal die Angaben in Wolfgangs Ausweis mit denen auf dem Papier. Dann schaute er Wolfgang fest in die Augen.

„Sie sind verhaftet", sagte er nur.

Wolfgangs Lächeln gefror. Eine plötzliche Übelkeit überkam ihn.

„Aber ...", stammelte er. Hilfesuchend sah er sich um. Er mußte fliehen!

Zwei der Gestapo-Männer griffen ihn an den Armen. Einer von ihnen zog eine Pistole. Hier gab es kein Entkommen mehr.

„Das muß ein Irrtum sein", beteuerte Wolfgang verzweifelt. „Ich bin Mitglied der Hitler-Jugend ..."

Die Gestapo-Leute schwiegen, ihr Griff wurde härter. Sie hatten einen Feind gestellt. Gnade konnte er nicht mehr erwarten.

Wenige Tage später hielten zwei Lastwagen vor der Spedition Lehmann. Uniformierte sprangen unter den Planen hervor und umstellten das Gelände. Lehmann und alle anwesenden Angestellten wurden verhaftet.

Paul versuchte, durch ein Fenster zu entkommen, gelangte zum Abstellplatz der Speditionswagen und wollte gerade über die mannshohe Mauer auf das Nachbargrundstück flüchten, als zwischen den Wagen ein grinsender Gestapo-Mann erschien und ihm die Pistole vor den Bauch hielt. Paul hob die Arme.

„Verhaftet die Gestapo jetzt auch schon ihre eigenen Leute?" versuchte er den Bewaffneten abzulenken.

„Eigene Leute?" Der Gestapo-Mann stutzte.

Pauls Hand schnellte vor und wollte die Pistole zur Seite wischen, doch der Gestapo-Mann reagierte blitzschnell. Paul schlug ins Leere und strauchelte. Er spürte einen harten Schlag auf den Kopf und sackte auf die

Knie. Ihm wurde schwarz vor Augen. Stöhnend fiel er zu Boden.

Wie eine Flutwelle brachen Gestapo, SA und die Polizei über die Stadt herein. Mit unaufhaltsamer Gewalt durchpflügten sie Wohnungen, Keller, Bunker und notdürftige Unterkünfte. Dann stiegen sie in die unwegsamen Gebirge der Trümmergelände, zerrten die Höhlenmenschen ans Tageslicht und durchsuchten jedes stickige Loch auf der Jagd nach Feinden des Volkes.

„Wir müssen raus aus der Stadt!" schrie Manni in den Lichtschacht hinunter. „Die Nazis durchkämmen jeden Schlupfwinkel!"

Im Keller schreckten sie hoch und warfen die Dekken zur Seite. Klaus schaute auf den verrosteten Wekker neben seiner Matratze. Es war kurz vor sieben.

„Woher weißt du das?" rief er zurück.

„Ich hab' mich ein bißchen umgesehen", erwiderte Manni aufgeregt. „Da sind zig Leute unterwegs. In spätestens einer Viertelstunde sind die hier. Beeilt euch!"

Die ersten krochen bereits durch den Lichtschacht nach oben. Gerhard erschien mit dem Radio unter dem Arm.

„Laß den Scheiß hier!" sagte Manni. „Wir müssen abhauen!"

Gerhard warf das Radio in den Schacht zurück. Ratlos sahen sie einander an.

„Wir gehen in Zweiergruppen", entschied Klaus. „Alle zusammen würden wir sofort auffallen. Habt ihr eure Waffen?"

Wie zur Bestätigung zogen sie ihre Pistolen und luden sie durch.

„Also dann", nickte Klaus ihnen zu. „Viel Glück. Wir treffen uns in drei Tagen am Felsensee."

Franz und Manni sahen sich an und waren sich einig. Gemeinsam stiegen sie über die Steintrümmer und entschieden, in Richtung Rheinufer zu gehen. Franz blickte nach hinten und sah die ersten Uniformierten über die Trümmer steigen.

„Diese verdammten Faschisten!“ fluchte Manni.

„Sei still!“ ermahnte ihn Franz. „Überleg' dir lieber, wie wir hier heil herauskommen.“ Er deutete mit dem Kopf nach links, wo auf den Trümmerhügeln Bewegung aufkam.

„Die kreisen das Gelände ein“, blickte Manni sich um. „Wir müssen hier weg!“ Er wollte schon losrennen, aber Franz hielt ihn am Arm zurück.

„Bist du verrückt!“ zischte er. „Wer wegrennt, ist schuldig! Wir müssen so tun, als ginge uns das alles überhaupt nichts an.“

Scheinbar ziellos gingen sie durch die Täler der Hügellandschaft, wo einmal Straßen gewesen waren und wichen dem Zugriff der Suchkommandos aus. Doch die Umklammerung wurde enger. Vor ihnen, vielleicht hundert Meter entfernt, schnitt ihnen eine Gruppe von SA-Männern den Weg ab.

„Was machen wir jetzt?“ fragte Manni.

„Da kommen wir nicht durch, ohne kontrolliert zu werden“, beobachtete Franz die SA-Leute. „Es sind zu viele.“

„Es muß jeder auf eigene Faust versuchen“, schlug Manni vor.

„Es wäre besser, wir versteckten uns hier irgendwo“, schaute Franz sich um.

„Damit wir hier herumhocken wie das Kaninchen vor der Schlange?“ wurde Manni nervös. „So einfach werde ich es denen nicht machen.“

Sie blickten einander an. Manni atmete durch und lächelte.

„Wir beide haben eine ganze Menge durchgemacht, was?“ sagte er. „Und wir werden auch nicht aufgeben, nicht wahr?“

„Wir werden weitermachen", nickte Franz traurig.

„Versprochen?"

„Versprochen."

Franz boxte Manni leicht vor die Schulter.

„Viel Glück", sagte er.

„Dir auch", nickte Manni und ging. Franz sah ihm einige Sekunden lang nach und ging dann auf die Trümmer eines zerbombten Hauses zu. Teile der Fassade und einer Seitenwand standen noch. Franz blickte suchend um sich und entdeckte den freigeschaufelten Eingang zum Keller. Dort würden sie zuerst suchen, dachte er.

Aber andere Möglichkeiten, sich zu verstecken, gab es kaum. Er blickte nach oben, wo sich die spärlichen Reste des Fußbodens auf der ersten Etage an die Fassade klammerten. Verkohlte und zersplitterte Balken ragten ins Leere.

Das war eine Chance! durchfuhr es Franz. Er suchte Steine und Bretter zusammen und schichtete sie übereinander. Vorsichtig erklomm er die labile Konstruktion und streckte die Arme aus. Er griff einen der verkohlten Balken und überantwortete ihm langsam sein Gewicht. Knirschend gab der Rest des Fußbodens nach und neigte sich ein wenig. Aber er hielt.

Franz faßte nach und trat vor den wackeligen Turm, der ihm als Leiter gedient hatte. Die obersten Steine fielen herunter, Franz hing in der Luft.

Schwer atmend hangelte er sich hoch und schob seinen Körper schließlich auf das schlingernde Deck der Ruine. Er schaute nach unten, griff ein paar Backsteine und schleuderte sie gegen den Trümmerturm. Nach einigen Versuchen geriet er ins Wanken und brach zusammen. Er würde Franz nicht mehr verraten können.

Franz robbte ein Stück zurück. Eine zersplitterte Tür lag auf dem leicht geneigten Boden. Langsam richtete er sich auf und lehnte die Tür schräg gegen die Wand. Dahinter war genügend Platz, um sich vor suchenden Blicken zu verbergen.

Jetzt hörte er ihre Stimmen. Franz kauerte hinter der Tür nieder und nahm die Pistole aus der Tasche. Er schwitzte und wagte kaum zu atmen, als er unter sich stolpernde Schritte hörte. Sie durchsuchten die Ruine! Jemand rief in den Keller hinein und verlangte eine Taschenlampe. Abwartende Stille. Dann die gedämpfte Nachricht aus dem Keller, daß er leer wäre.

„Und da oben?" hörte Franz plötzlich.

Er spürte förmlich die Blicke des Suchkommandos, die jetzt den ausgefransten Rest der ersten Etage abtasteten. Franz schloß die Augen und preßte die Lippen zusammen. Die Pistole in seiner Hand glühte.

„Geh bloß da weg", warnte jemand. „Sonst kommt noch die ganze Decke runter."

Steine wurden aus dem Weg geräumt, Holz brach, aber niemand hängte sein Gewicht an die verkohlten Balken. Die Stimmen und Schritte entfernten sich. Es wurde still.

Franz schaute hinter der Tür hervor und blickte über das Trümmerfeld. Es mußten mehrere Hundert sein, die dort jeden Winkel durchforsteten. Einzelne Zivilisten wurden abgeführt. Manche wehrten sich gegen die Festnahme, wurden aber mit Schlagstöcken in die Knie gezwungen und fortgeschleift.

Stunden später waren die Suchkommandos verschwunden, aber Franz blieb bis zum Einbruch der Dunkelheit in seinem Versteck. Dann verließ er das Stadtviertel und gelangte zum Rheinufer. Er ging flußaufwärts, blieb von Zeit zu Zeit stehen, um zu horchen und zu beobachten und setzte seinen Weg durch das Feindesland fort.

Er näherte sich dem Stadtrand, die Häuser wurden weniger. Er kannte die Gegend von seinen früheren

Ausflügen mit den Navajos. Herrgott! Das war eine Ewigkeit her!

Es roch nach Land und Bauernhof und Frühling. Hier hatte die Nacht noch Platz für Träume.

Als ihm ein Lastwagen mit abgeklebten Scheinwerfern entgegenkam, sprang Franz von der Straße und verbarg sich in den Büschen. Wenig später sah er einen etwas abseits gelegenen Holzschuppen. Er überquerte eine eingezäunte Weide und rüttelte an der Tür des Schuppens. Nach einigen Versuchen ließ sie sich öffnen.

Franz tastete sich vorwärts. Gummireifen, Eisenkrallen, eine hohl klingende Tonne, Schmieröl. Franz bückte sich und putzte die Hände am Boden ab.

Sein Fuß stieß gegen Holz. Eine Kiste oder Truhe, darüber eine muffig riechende Decke: ein Platz zum Ausruhen.

Franz legte sich auf die Decke und rollte sich zusammen. In der Ferne heulten Sirenen.

Ein leichter Wind kräuselte das Wasser. Franz ging langsam am Ufer des Felsensees entlang. Der Kies knirschte unter seinen Schritten. Nichts hatte sich hier verändert. Wieviele Wochenenden sie hier verbracht hatten, dachte Franz. Manni, Klaus, Marianne und all die anderen.

Alles war anders geworden in den vergangenen Jahren: die Stadt, das Leben, seine Freunde und er selbst. Die Zeit hatte sich beeilt. Aber der See war immer gleich geblieben. Eine Konstante, an der man alles messen konnte, ein Ort, der einem stets einen festen Halt versprochen hatte. Der Felsensee war ein Stück Vergangenheit, das die Nazis noch nicht auszulöschen vermocht hatten.

Franz blickte nach allen Seiten. Es war niemand zu sehen. Durch die Büsche bahnte er sich einen Weg zum Höhleneingang. Er zögerte, bevor er die Höhle betrat.

Er betrachtete die kalten, düsteren Felswände. Fröstelnd zog er die Schultern hoch. Hier roch es nach feuchter Grabkammer, es fehlte das Leben.

Franz begann den Boden abzusuchen. Keine frische Feuerstelle, keine Fußspuren. Hier war schon seit Monaten niemand mehr gewesen. Es schien, als wäre er der erste. Es mußte fast Mittag sein, schätzte Franz. Er würde warten. Wahrscheinlich würden die anderen am Nachmittag, vielleicht gegen Abend eintreffen.

Franz suchte Feuerholz zusammen und bereitete alles für den Empfang seiner Freunde vor. Sicher würde irgend jemand ein paar Konserven mitbringen. Es würde alles wie früher werden. Vielleicht sogar noch viel besser, nach der geglückten Flucht aus den Fängen der Nazis. Sie würden ihre Lieder singen und über Naziwitze lachen.

Nachdem Franz alles hergerichtet hatte, setzte er sich ans Ufer des Sees. In der Brusttasche seines Hemdes ertastete er eine Zigarette. Er zündete sie an und inhalierte tief. Die Ruhe hier war eine Möglichkeit, die Gedanken zu ordnen und nach Antworten zu suchen. Wie oft noch würde er der Gestapo entkommen können? Wie sollte das alles weitergehen? Wie würden er und seine Freunde die Nazis noch aufhalten oder ihnen zumindest schaden können?

Fragen waren wichtig. Sie reinigten die Gedanken vom Schutt des Alltags und waren wie ein neuer Anlauf auf dem Weg zum Ziel. Franz zweifelte nicht am Sinn seines Tuns. Er hatte noch nie daran gezweifelt, aber Stunden wie diese waren notwendig, um einen klaren Blick zu erhalten, um die eigenen Grenzen wiederzuerkennen und sich nicht in den Dingen als Selbstzweck zu verlieren.

Als die Dämmerung einsetzte, ging Franz zur Höhle

zurück und entfachte das Feuer. Es war nicht einfach, zum Felsensee zu gelangen. Die Ausflugsdampfer fuhren schon lange nicht mehr. Da konnte es nicht verwundern, daß seine Freunde nicht pünktlich eintrafen. Vielleicht würden sie in der Nacht kommen, vielleicht auch erst am folgenden Tag. Wer wußte das schon?

Aber es kam niemand. Nicht am folgenden Tag und auch nicht am übernächsten. Franz ging in die Stadt zurück, hungrig und mit der Last einer bösen Vorahnung.

Die Sicherheitsleute hakten Manni unter und führten ihn die Treppe hinauf. Manni humpelte. Eine Kugel hatte seine Wade gestreift. Die Wunde war von einem Gestapo-Arzt notdürftig versorgt worden und signalisierte einen stechenden Schmerz.

Man brachte Manni in das Zimmer von Kommissar Köpke. Die Lampe auf dem Schreibtisch schien ihm grell ins Gesicht.

„Es hat gar keinen Zweck zu leugnen", begann der Kommissar ruhig. „Wir beobachten euch schon lange. Du hast bei deiner Verhaftung bewaffneten Widerstand geleistet: das ist schon so gut wie ein Geständnis."

Manni schwieg. Jedes Wort aus seinem Mund wäre ohne Bedeutung gewesen.

„Du hast einen Gestapo-Mann angeschossen", drohte Köpke. „Allein das genügt schon, um dich an den Galgen zu bringen."

Manni wußte, daß das Urteil auch ohne Richter bereits gefallen war. Ein paar Tage Folter, dann würde alles vorbei sein. Aber diese paar Tage wollte er durchhalten. Er *mußte* durchhalten, durfte keine Namen nennen und keine Treffpunkte preisgeben. Ein paar Tage nur, um den Sinn der letzten Jahre nicht aufs Spiel zu setzen.

„Warum schießen Sie mir nicht gleich eine Kugel in den Kopf", sagte Manni tonlos.

Jemand stürzte auf ihn zu und schmetterte ihm eine Faust ins Gesicht. Manni kippte vom Stuhl und ging stöhnend zu Boden. Die Lampe drehte sich über seinem Kopf. Er blickte nach oben und erkannte Josef, der mit verzerrtem Gesicht auf ihn zu sprang, ihn hochriß und wieder auf den Stuhl setzte.

„Mein Assistent ist ein wenig gereizt", hörte er den Kommissar. „Aber wenn ein wahrer Deutscher auf einen Volksfeind trifft, kann das schon mal vorkommen."

„Ihr merkt nicht einmal, wie ihr Deutschland Stück für Stück zugrunde richtet", stöhnte Manni.

„Halt deine dreckige Fresse!" schlug Josef wieder zu.

Aber Manni redete weiter. Ein paar Minuten, dachte er, einige wenige Provokationen würden ausreichen, damit Josef ihn bewußtlos schlug. Das Verhör würde beendet sein, noch bevor es richtig begonnen hatte.

Köpke erkannte Mannis Absicht zu spät. Der Volksfeind lag ausgestreckt auf dem Boden und reagierte nicht mehr auf Josefs Mißhandlungen. Man trug ihn wieder in den Keller.

Namen hallten in die Zellen hinein, die Aufgerufenen wurden zum Verhör geführt. Das Licht wurde wieder gelöscht, und in der Dunkelheit war nur das Stöhnen der Gefolterten zu hören.

„Haben wir den Herrn Kommunisten endlich erwischt", freute sich Köpke, lehnte sich in seinem Stuhl zurück und verschränkte die Arme über der Brust. Klaus blinzelte ihn aus halbgeschlossenen Augen an. Seine linke Augenbraue war aufgeplatzt, das Blut war ihm über das Gesicht gelaufen und auf sein Hemd getropft.

„Schade, daß man solche Mistkerle wie dich nicht mehrmals aufknüpfen kann", lächelte Köpke ihn zynisch an und schob einen weißen Gegenstand über den Schreibtisch. Es war der Gipsabdruck einer Hand.

„Leg' mal deine Hand da rein!"

Aber Klaus rührte sich nicht. Josef trat vor, griff seinen Arm und preßte seine Hand auf den Abdruck. Sie paßte nicht.

„Da könntest du ja glatt von Glück reden", meinte Köpke und beugte sich vor. „Aber für dich haben wir uns ohnehin eine kleine Sonderbehandlung ausgedacht."

Klaus wurde in einen Kellerraum gebracht, der unter den Gewölben mit den Zellen lag. Klaus wurde ausgezogen und mit beiden Händen an die Wand gekettet. Dann schickte Köpke die Sicherheitsleute hinaus. Nur Josef blieb, dann wurde die Tür geöffnet und Mansfeld trat ein. Mit ihm begann der Schmerz.

Die Quelle sollte sprudeln. Namen, Orte, Adressen wollten sie wissen, und ihre Fragen unterstrichen sie mit glühenden Zigaretten auf der Haut, mit Peitschenhieben und Elektroschocks. Mansfeld war erfinderisch. Er zog einen Nußknacker aus der Hosentasche, klemmte Klaus' Daumen dazwischen und drückte zu. Der Knochen brach, Klaus schrie auf. Aber Antworten gab er nicht. Neun Fragen später waren sämtliche Finger gebrochen, und Mansfeld klemmte zwei Elektrokabel an die Hoden des Gefolterten.

Mansfeld hielt sich für einen Künstler. Unter seinen Händen veränderte sich der gemarterte Körper zu einer abstrakten Skulptur mit eigenartig verbogenen Gliedern. Mit glänzenden Augen schuf er eine Komposition aus reinem Schmerz und höchster Lust, in der der Künstler und sein Objekt zu einer auf die Instinkte reduzierten Einheit verschmolzen. Ein ekstatischer Prozeß der Schöpfung war das, und die durch den Wahnsinn rasenden Schreie des Gefolterten bewiesen das perverse Vermögen des Schöpfers, bis an die animalische Grenze der menschlichen Seele vordringen zu können.

Als Mansfeld auch nach Stunden noch keine Aussage aus dem Gefangenen herausgepreßt hatte, griff er einen dünnen Draht und eine Lötlampe. Josef fesselte Klaus' Füße.

„Außen siehst du schon ein bißchen angebrannt aus", stand er keuchend vor seinem Opfer. „Es wird Zeit, daß du auch von innen gar wirst."

Er packte Klaus zwischen die Beine, nahm mit medizinisch anmutender Umsicht sein Geschlecht in die Hand und schob den Draht ein Stück weit hinein. Die glühende Spitze der Lötlampe leckte nach dem hervorstehenden Teil des Drahtes. Mansfeld grinste.

Klaus brüllte, daß ihm fast die Lungen platzten. Sein Körper bäumte sich auf und wandte sich unter der Qual. Dann baumelte er kraftlos an den Fesseln. Klaus hatte das Bewußtsein verloren.

„Das war's", richtete Mansfeld sich auf. „Ich glaube, aus dem werden wir nichts mehr herausbekommen."

„Diese Kommunisten sind wirklich zäh", nickte Köpke. „Die krepieren lieber, anstatt das Maul aufzumachen."

Sie verließen die Zelle und gingen in Köpkes Büro. Es war bereits Nacht. Der Kommissar schaute auf die Uhr.

„Wir sollten uns ein wenig Erholung gönnen", sagte er. „Wir machen morgen Vormittag weiter."

Der Rest der Nacht blieb ruhig. In den Zellen lagen sie dicht gedrängt und versuchten zu schlafen, immer wieder aufgeschreckt durch das Stöhnen der Gefolterten, die jede Bewegung im Schlaf an ihre Wunden erinnerte.

Am frühen Morgen wurden Türen geschlagen. Kämper, der ‚Kellermeister', brüllte herum.

Gerhard setzte sich und lehnte sich gegen die Wand. Neben ihm erwachten die anderen Gefangenen, rieben sich die Augen und richteten sich mühsam auf. Traurig starrte Gerhard vor sich auf den Boden.

Frühstück wurde gebracht. Schweigend kauten sie auf dem harten Brot herum. Gerhard spürte ein Würgen, sobald der Geruch des Brotes ihm in die Nase stieg, aber er zwang sich zu essen. Er wollte stark sein, wenn er seinen Schindern gegenübertrat. Er wollte beweisen, daß die Nazis ihn nicht brechen konnten.

Als er wenig später in Köpkes Zimmer saß, war die tiefe Lethargie von ihm abgefallen. Er blickte dem Kommissar gerade ins Gesicht und erwartete die üblichen Wiederholungen der Fragen, Beschimpfungen und Beleidigungen. Nach einer halben Stunde aber wich Köpke von seiner Routine ab.

„Du bist der einzige, bei dem wir keine Waffe gefunden haben", sagte er. „Was hast du damit gemacht? Hast du sie weggeworfen?"

„Ich habe noch nie eine Waffe angerührt", erwiderte Gerhard.

„Oder hast du sie wieder zurück in euer Waffenlager bei den Jensens gelegt?" ignorierte Köpke Gerhards Antwort. „Darin war nämlich auch eine Druckmaschine, auf der wir deine Fingerabdrücke gefunden haben."

Gerhard ließ sich nicht beeindrucken. Sicher war alles nur Spekulation, hoffte er.

„Gib dir keine Mühe, die beiden noch zu decken", sagte Köpke gelassen. „Sie haben sich erhängt. Dabei hätten wir das doch genau so gut erledigen können", grinste er zynisch.

Gerhard spürte einen Stich in der Brust. Er brauchte einen Moment, um die Verwirrung zu überwinden. Wenigstens waren die Jensens so der Folter entkommen.

„Wieso hast du Flugblätter gegen unser deutsches Volk geschrieben?" Köpke schüttelte verständnislos den Kopf.

„Ich habe Flugblätter geschrieben, damit unser Volk die Wahrheit erfährt", erwiderte Gerhard mit fester Stimme. „Über Nattern und Ottern wirst du schreiben, treten auf Löwen und Drachen. Weil er mir anhängt, will ich ihn erretten, will ihn schirmen, weil er meinen Namen kennt."

„Was redest du da für eine Scheiße?" fuhr der Kommissar auf. „Willst du mich auf den Arm nehmen?"

„Das ist ein Zitat aus einem Psalm", blieb Gerhard ruhig, obwohl Josef auf ihn zugetreten war und mit der Faust drohte.

„Ah, der Herr ist katholisch", zog Köpke die Augenbrauen hoch.

„Ich bin Christ."

„Und wir sind Gott!" dröhnte Köpke und schob den Gipsabdruck der Hand hinüber. „Und vor uns bestehst du nicht. Deshalb wirst du mit deinen Freunden dort unten in der Hölle büßen", wies sein Finger auf den Boden.

„Wer von uns in der Hölle büßt, ist noch nicht entschieden", trotzte Gerhard.

Josef griff seine Hand und legte sie auf den Gipsabdruck. Sie paßte genau hinein. Köpke schaute ihn überrascht an.

„Oh, doch", sagte er leise. „Ich glaube, das ist entschieden."

XVIII

Das Gerüst war aus groben Eichenbalken gezimmert, einfach, aber stabil und zweckmäßig. Von dem gut zwei Mann hohen Querbalken hingen zwölf Seile herab, an deren Ende jeweils eine Schlinge geknüpft war. Ihr Anblick verursachte eine unbestimmte Mischung aus Bedrohung und Faszination, so wie das abschreckend Böse stets auch eine magische Anziehungskraft ausstrahlt. Dieser Anziehungskraft waren an diesem Morgen auch die Menschenmassen erlegen, die nun auf die Ankunft der zwölf Verbrecher warteten, um ihre öffentliche Exekution mitzuerleben.

Die Schlingen baumelten leicht im Wind, als sich zwei Lastwagen dem Platz unterhalb des Bahndamms näherten. Sie hielten an. Uniformierte sprangen von den Ladeflächen und zerrten die Todeskandidaten herunter.

Franz stand hinter einer Hausecke und erkannte Manni. Sein Freund humpelte auf das Holzgerüst zu. Die Hände waren ihm auf den Rücken gefesselt. Hinter ihm trieben die Uniformierten die anderen voran: Gerhard, Wolfgang, Paul und Klaus, den sie in die Mitte nehmen und stutzen mußten.

Franz weinte. Seine zwölf Freunde führten sie dort zum Galgen. Zwölf Menschen, die an Menschlichkeit und Gerechtigkeit glaubten und wegen dieses Glaubens umgebracht werden sollten. Sie hatten den Kampf gewählt und ihn verloren. Aber jeder von ihnen würde sich wieder für den Kampf entscheiden, wenn er noch einmal die Wahl hätte, wußte Franz. Nicht zu widerstehen hätte bedeutet, sich selbst aufzugeben, schon lange vor dem Tod zu sterben.

Jetzt stellten die Uniformierten die Verurteilten auf den unteren Holzbalken und legten ihnen die Schlingen um den Hals. Die Freunde noch einmal umarmen, sie an sich drücken und ihnen sagen, daß sie das Richtige getan hatten! Franz schluchzte leise und hörte, was ein Offizier der versammelten Menge vorlas.

Die Uniformierten zogen die Schlingen fest.

„Unser Kampf geht weiter", flüsterte Franz und wischte sich die Tränen aus dem Gesicht. „Ich verspreche es euch."

Entschlossen trat er mit dem Fuß auf und wandte sich ab, um zu gehen.

Er prallte mit jemandem zusammen und erkannte eine Uniform. Überrascht blickte er dem Mann ins Gesicht. Es war Schunkel.

Instinktiv fuhr seine Hand in die Jackentasche und umfaßte die Pistole. Er mußte schießen! Sein Herz raste.

Schunkel hatte ihn erkannt, unternahm aber nichts, um Franz aufzuhalten.

„Verzeihen Sie, bitte", sagte Schunkel leise und trat zur Seite.

Verwirrt schaute Franz ihn an. Langsam ging er an Schunkel vorbei. Nach ein paar Schritten drehte er sich noch einmal um. Schunkel blickte ihm nach, traurig, zerstört, schuldbewußt.

Es war der sechste Juni 1944. An der Küste der Normandie hatte die Invasion der Alliierten begonnen.